용감한
소녀들이
온다

소녀들의 숨어 있는 모험심을 일깨우는
용감무쌍 어드벤처

용감한 소녀들이 온다

캐롤린 폴 지음 | 웬디 맥노튼 그림
홍수연 옮김

The GUTSY GIRL

우리학교

이 책에는 심각한 부상으로 이어질 수 있는 위험한 상황이 많이 나옵니다. 특히 다리 꼭대기에 올라가는 일은 절대로 따라 해서는 안 되는 불법적인 행동입니다. 독자들은 전문가의 지도와 훈련, 감독 없이 주인공의 모험을 절대 따라 해서는 안 됩니다. 그럼에도 불구하고 일어나는 독자들의 사고에 대해서는 작가와 출판사도 책임질 수 없음을 미리 밝힙니다.

차례

용감한 소녀들에게

지금까지 내가 경험한 모험은 대부분 치밀한 계획을 세우고, 안전한 환경에서 무사히 이루어졌음을 여러분에게 꼭 밝혀 달라는 변호사와 보험사의 정중한 요청을 받았습니다.

나는 아무 일도 일어나지 않은 지루한 모험은 이 책에 포함시키지 않았습니다. 대신 크고 작은 사건으로 끝난 일부 모험만 이 책에 담았습니다. 부모님 가슴을 철렁하게 했거나, 지역 신문에 떠들썩하게 보도되었거나, 여러분이 귀를 쫑긋할 만한 모험 이야기만 골라 담았지요. 그런 모험들이 나에게 용감해지는 법과 포기하지 않는 법, 끝까지 흔들리지 않는 법과 훌훌 털어 버리는 법 등 진짜 소중한 교훈을 남겨 주었기 때문입니다.

나는 내가 겪었던 어려움을 여러분도 똑같이 겪기를 바라지 않습니다. 내가 들려주는 교훈을 통해 어려움을 헤쳐 나가며 자신의 길을 찾아 나가는 법을 배우기를 바랍니다. 왜냐하면 자신에 대한 도전이야말로 용감한 소녀들의 유쾌하고 당당한 삶에 필수 요소이기 때문입니다.

자, 이제 책장을 펼칠 시간입니다. 책 서두에 경고 문구를 주의 깊게 읽은 다음 이야기 속으로 흠뻑 빠져들면 됩니다. 그리고 자신만의 멋진 모험을 시작해 보세요!

모험은 그 자체로 가치 있다.

_아멜리아 에어하트Amelia Earhart, 항공기 조종사

나는 내 목표를 이루기 위해 너무나 오랫동안 너무나 열심히 달려왔어요. 그 어떤 것도 나를 가로막을 수는 없어요. 동료들은 물론 나 자신을 절대로 실망시키지 않을 거예요.

_미아 햄Mia Hamm, 국보급 축구 선수

나쁜 날씨 따위는 존재하지 않아요. 다만 옷이 충분하지 않을 뿐이죠.

_줄리 멍거Julie Munger, 래프팅 선수이자 리버 보딩의 선구자. 리버 보드를 타고 그랜드캐니언에 처음 도전했을 때 살을 에는 듯 차가운 강물과 겨울비에 맞서 싸우던 경험을 이야기하면서.

1장

우유 팩 뗏목

우유 팩 뗏목

큰 꿈에 도전해 봐

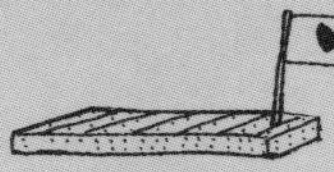

열세 살 때 책에서 독특한 배 이야기를 읽은 적이 있다. 바퀴가 달린 배, 돛을 단 배, 노 젓는 배……. 종류도 다양했던 그 배들은 공통점이 있었는데, 모두 우유 팩으로 만들었다는 거였다.

나는 선원도 아니고 우유 팩에 집착하는 사람도 아니었지만, 왠지 우유 팩으로 배를 만든다는 게 멋져 보였다. 내가 우유 팩으로 만들고 싶은 배는 바로 해적선이었다. 독수리 모양의 거대한 뱃머리에, 돛이 세 개나 달린 해적선을 꿈꾸며 나는 우유 팩을 모으기 시작했다. 학교 카페테리아에서도 우유 팩을 얻고, 친구들한테서도 얻고, 가족들한테도 얻었다.

우유 팩으로 해적선을 만들 계획이라고 말하면 사람들의 반응은 거의 비슷했다. “하하, 무슨 정신 나간 짓이람.” 또는 “잘해 보셔, 잘될 리는 없겠지만.” 또는 “나야 어쨌든 우유 팩을 처리했으니 상관없지.”

하지만 그런 표정들 사이로 얼핏 스치는 또 다른 표정을 나는 놓치지 않았다. “오, 재미있겠는걸. 나도 한번 해 보고 싶긴 한데 말이야.” 하고 말하는 듯한 그 표정. 당신도 할 수 있어요,라고 말해 주면 좋았겠지만 햄과 오트밀 냄새를 풍기는 학교 카페테리아 요리사에게 그런 말을 하기란 쉽지 않았다.

나는 수줍고 겁 많은 소녀였다. 주위에는 온통 무서운 것투성이였다. 몸집 큰 아이들, 새 학년이 되는 것, 할머니가 위태롭게 길을 건너는 모습, 교실에서 이름이 불리는 순간, 그림책 『괴물들이 사는 나라』, 어두워지는 숲속, 심지어 내 손가락 뼈 갈라진 모습까지.

두려움은 마치 흘러내리는 모래 속에 가라앉는 듯한 느낌이다. 가슴이 철렁 내려앉고 발걸음이 무거워지고 머리털이 곤두서면서 온몸으로 느껴지는 두려움은 나처럼 수줍은 소녀가 감당하기엔 너무 끔찍하기만 했다.

그런 내가 우유 팩으로 만든 해적선을 타고 항해를 하고 싶어진 것이다. 게다가 나는 항해도 할 줄 몰랐다. 내가 생각하는 ‘항해’란 그저 ‘물결에 떠밀려 목적지에 닿는 일’이었다.

나에게 도대체 무슨 일이 일어난 걸까? 나는 여전히 수줍고 겁

많은 소녀였지만 내 삶이 너무 따분하다는 걸 줄곧 알고 있었다. 책 속에 나오는 멋진 모험이 있는 삶을 꿈꾸어 왔던 나는 드디어 내 안의 수줍고 겁 많은 소녀에게 속삭이기 시작한 것이다. 이제 수줍고 겁 많은 소녀는 퇴장할 때가 되었다고, 내 안에 숨은 또 다른 모험심 가득한 소녀에게 자리를 양보하라고. 멋진 우유 팩 해적선의 선장을 꿈꾸는 바로 그 소녀에게.

침대 밑에 우유 팩이 쌓여 갔고 한 달이 채 되기도 전에 꽤 많은 우유 팩을 모았다. 두 달이 지나고 세 달째가 되자 침대 밑에서 야릇한 냄새가 나기 시작했다. 우유 팩을 씻어야 한다는 생각을 미처 못 한 것이다. 넉 달째가 되자 167개의 우유 팩이 모였다(물론 이번에는 모두 씻어 놓은 것들이었다). 드디어 준비 완료.

나는 우유 팩 입구를 모두 테이프로 봉한 다음, 우유 팩을 세 개씩 묶어 쓰레기봉투로 감쌌다. 쓰레기봉투를 테이프로 봉하고, 다른 쓰레기봉투로 또 감쌌다. 부력이 뭔지도 잘 몰랐지만 우유 팩을 띄우려면 물이 스며들면 안 된다는 것 정도는 알고 있었다. 그러고 나서 물에 뜨는지 시험도 해 보았다. 그런데 내 능력은 바로 거기까지였다. 나는 한 가지 결정적인 사실을 간과하고 있었다. 나란 사람은 뭔가를 만드는 데에는 완전 젬병이라는 사실을. 나는 손재주가 없었다.

그런데 더 안타까운 사실은 손재주가 없기는 우리 아빠도 마찬가지라는 거였다. 그래도 아빠에게는 무엇이든 시도해 보려는 의지가 있었다. 내 계획을 들었을 때 아빠는 조금 낄낄거리긴 했지만 비웃지는 않았다. 오히려 내 아이디어를 좋아했다.

지금 생각해 보면 아빠는 독특한 아이디어를 좋아하는 사람이었다. 침술이 의학적으로 인정받기 전부터 침술을 옹호했고, 심령술을 믿기도 했다. 사람이 정신을 집중하면 동물과 대화가 가능하다고도 생각했다. 그렇다고 아빠가 이상한 사람은 아니었다. 넥타이를 매고 반짝이는 구두를 신고 출근해서 퇴근 후에는 집에서 마티니를 한 잔씩 마시던, 평범한 은행원이었을 뿐.

아빠가 내 우유 팩 해적선 아이디어를 좋아한 이유가 독특함 때문이라는 걸 당시에는 알지 못했다. 그저 내 아이디어가 근사해서 좋아한다고만 생각했다. 그런 내 착각을 아빠는 굳이 바로잡지 않았다. 그때 아빠의 진짜 마음을 알았다면 뭔가 달라졌을까? 글쎄……. 어쨌든 나는 아빠를 진짜 좋아했다. 아빠와 함께 배를 만든다는 건 아빠와 함께 시간을 보낼 수 있음을 의미했고, 그건 내 모험을 실천하는 데 있어서 아주 중요한 일처럼 느껴졌다.

나는 배를 만들 줄 몰랐다. 아빠도 마찬가지였다. 우리는 배를 어떻게 만드는지도 모르는 주제에 어떻게든 완성될 거라고 믿었다. 어쩌면 너무 무식해서 용감했는지도 모르겠다. 아무튼 우리 믿음과는 달리 배 만드는 일은 뜻대로 되지 않았다.

그래서 일단 우리는 해적선의 꿈은 접기로 했다. 그럼 바퀴 달린 배를 시도해 볼까? 어림없지. 그럼 노 젓는 배? 안 돼. 결국 우리는 '뗏목'을 만들기로 결정했다(남들에게는 그냥 '네모 판때기'로 보일 수도 있겠지만). 우리는 이인용 침대 크기의 합판 위에 우유 팩을 쌓고 그 위를 다시 합판으로 덮었다. 둘레에도 모두 널빤지를 대고 열다섯 개의 못으로 고정했다. 완성한 배는 '1등급 우유'에서 힌트를 얻어 '1등급호'라고 이름 붙였다. 드디어 아름다운 나의 배가 완성된 것이다.

첫 항해는 동생 알렉산드라와 함께 동네 강에서 해 보기로 했다. 우리는 서로 싸우고, 옷을 바꿔 입고, 고자질하고, 비밀을 나누고, 딸꾹질해 가며 배가 아플 때까지 깔깔대고, 엉엉 우는 모습을 보여도 전혀 창피하지 않은 평범한 자매였다. 다만 같은 날 2분 차이로 세상에 나온 쌍둥이라는 점만 특별했을 뿐.

사람들은 비슷하게 생긴 우리를 그냥 하나로 묶어서 '그 여자애들'이라고 부르곤 했다. 그러면서도 우리 자매가 완전히 똑같이 생기진 않았기에 종종 비교하곤 했다. 비교를 당한다는 건 오디션을 보는 것과 비슷했다. 유명해질 만한 아이가 누구일까? 주목받을 만한 아이가 누구일까? 그래서 당시에 나는 쌍둥이라는 게 싫었다(물론 성인이 된 지금은 생각이 다르지만).

사실 해적선이라는 야심 찬 계획을 세운 것도 내가 쌍둥이인 점과 관련이 있었다. 나는 내 동생과 확실히 구별되고 싶었다. 해적

우유팩 뗏목 만드는 법

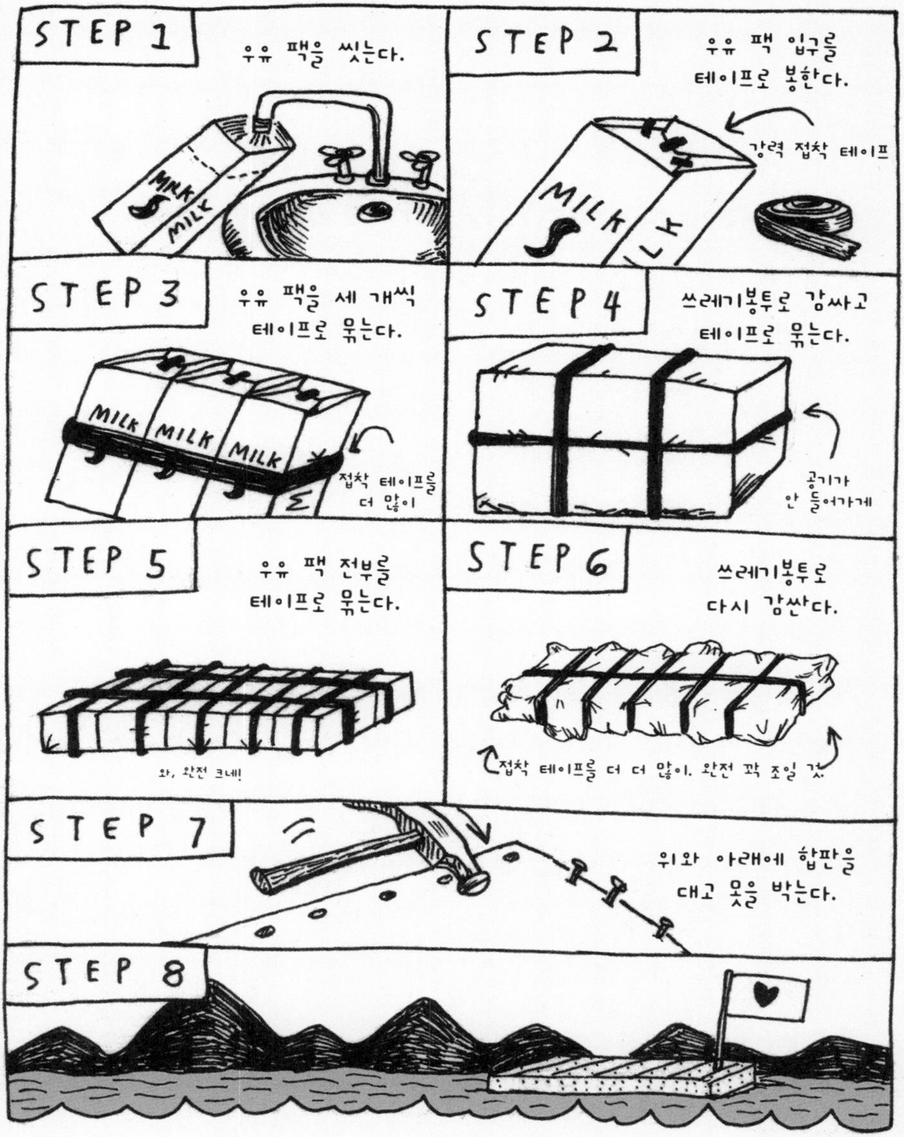
STEP 1
우유 팩을 씻는다.
MILK
MILK
STEP 2
우유 팩 입구를 테이프로 봉한다.
강력 접착 테이프
MILK
STEP 3
우유 팩을 세 개씩 테이프로 묶는다.
MILK MILK MILK
접착 테이프를 더 많이
STEP 4
쓰레기봉투로 감싸고 테이프로 묶는다.
공기가 안 들어가게
STEP 5
우유 팩 전부를 테이프로 묶는다.
와, 완전 크네!
STEP 6
쓰레기봉투로 다시 감싼다.
접착 테이프를 더 더 많이. 완전 꽉 조일 것.
STEP 7
위와 아래에 합판을 대고 못을 박는다.
STEP 8

선이 완성되면 더는 '그 여자애들' 중 한 명으로만 남지는 않을 거라고 생각했다. 누가 뭐래도 나는 선장이니까. 비록 지금 완성한 배가 우유 팩으로 만든 '네모 판때기'에 불과하지만 그래도 선장은 선장이야. 두고 보라구.

나는 동생한테 일등항해사라는 막중한 임무를 맡겼다. 일등항해사가 하는 일이 정확히 뭔지는 나도 몰랐고 동생도 몰랐다. 어쨌든 내 제안을 받아들인 동생은 나에게 항해술에 대한 몇 가지 질문을 던졌다. 이를테면 뗏목이 어떻게 앞으로 나아가는지와 같은 물음들.

날카로운 질문이었다. 세 개의 돛을 달겠다는 애초의 계획은 이미 불가능해진 상황이었기 때문이다.

"노를 저어야겠지." 내가 말했다.

"그럼 되겠군." 알겠다는 듯 동생이 말했다.

동생이 더 꼬치꼬치 묻지 않은 건 나를 믿었기 때문이었다. 마찬가지로 나도 동생을 믿었다. 수없이 싸우고 울고 삐지고 했지만 우리는 같은 유전자를 갖고 태어난 만큼 남다른 유대감이 있었다. 동생이 가는 곳이라면 나는 어디라도 따라갈 수 있었다. 동생 또한 아무리 무모한 도전이더라도 내가 간다면 어디든 따랐으리라. 비록 그곳이 별 볼 일 없는 동네 강일지라도.

원래 나는 우리 동네 강에는 별 관심이 없었다. 강보다는 동네 호수에서 헤엄치면서 노는 걸 더 좋아했다. 그 강이 고난도의 카약

경기를 하는 곳이라는 사실도 나중에서야 알았다. 그렇다고 포기할 나도 아니었지만.

강은 매우 얕아서 우유 팩으로 만든 나무 뗏목 항해가 그다지 어렵지는 않아 보였다. 아빠 엄마도 크게 걱정은 하지 않으셨다. 부모로서는 훌륭한 분들이었지만, 강에 대해서는 잘 모르셨던 것 같다.

나는 동생과 함께 깃발을 만들었다. 동생은 '1등급호'라고 쓴 하얀 침대보를 기다란 막대기에 묶었다. 깃발이라기보다는 그저 기다란 막대기에 침대보를 묶어 놓은 꼴이었지만, 상관없었다. 어쨌든 우리에게는 배가 있고, 노가 있고, 깃발 비슷한 것도 있었다.

선원도 모집했다. 친구 찰리가 합류하기로 했고 프랑스에서 온 교환학생 마리안도 자원했다.

고된 항해가 되리라 예상한 나는 신축성 좋은 양말을 골라 신고(비록 거의 헤졌지만), 땀이 흐르지 않도록 머리에 밴드를 두르고, 손목 밴드까지 갖추었다. 우리 넷은 의리를 맹세하며 뱃노래

용감한
소녀들

열다섯 살의 **로라 데커**(Laura Dekker)는 아빠와 함께 개조해 만든 보트 '구피'를 타고 2010년 홀로 항해를 시작했다. 그녀의 목표는 배를 타고 지구 한 바퀴를 항해한 최연소자가 되는 것. 너무 어리다는 이유로 반대하는 사람들이 많았지만 그럼에도 불구하고 그녀는 항해를 강행했다. 1년 반 후에 성공적으로 세계 일주를 마친 그녀는 이후에도 항해를 멈추지 않았다. 현재 '구피'에서 살고 있는 그녀의 모험은 오늘도 계속되고 있다.

도 함께 불렀다. 그리고 드디어 항해를 시작했다.

강물은 잔잔하게 수십여 미터 이어지다가 곧 급류로 바뀔 터였다. 찰리와 알렉산드라, 마리안은 급류 쪽을 걱정스럽게 바라보았다. 그래도 급류는 저 멀리 있었고 물의 양도 많지는 않아 보였다. 그러나 사실은 급류가 멀리 있어서 물의 양이 적어 보였을 뿐이다. 그때 급류를 만만히 보았던 건 착시 현상 탓이기도 했지만 현실을 부정하고 싶은 우리 마음 탓이기도 했다.

급류를 피해서 항해를 시작했다면 몇 킬로미터나 이어지는 잔잔한 강에서 편안히 항해를 즐길 수 있었으리라. 하지만 그건 왠지 사기 치는 느낌이었다. 우리에게는 배가 있고, 깃발이 있고, 함께 뱃노래를 부르며 의리로 뭉친 선원들이 있다. 그러니 급류쯤이야 마땅히 감당해야 할 장애물이라고 생각했던 것이다.

아뿔싸! 급류에 채 다다르기도 전에 항해는 실패 조짐이 보였다. '1등급호'는 물에 띄우자마자 중심을 잃었다. 유체역학이 뭔지도 모르고 만든 네모 모양 배였기 때문일까. 똑같이 어설픈 친구들 넷이 탄 배였기 때문일까. 물살에 휩쓸려 빙글빙글 돌아가는 배 위에서 선원들은 미친 듯이 웃기 시작했다.

"선원으로서 용납될 수 없는 행동이야. 판자 위를 걷다가 바닷물에 빠지도록 만들 거야!" 선장인 내가 소리쳤지만 결국은 나 역시도 웃음을 터뜨리고 말았다(어차피 우리 배에는 선원들을 걷게 할 판자도 없었다). 아직 급류 근처에도 못 갔는데 배나 우리나 이미 통제 불능 상태였다.

주위에서는 굉음이 들렸다. 사실은 보통의 급류 소리에 불과했지만 이미 평형감각을 잃어버린 우리 귀에는 분명히 굉음으로 들렸다. 사자의 포효에 떨고 있는 사람한테 '안심해, 그렇게 거대한 사자는 아니야.' 라고 말한들 마음이 놓일 리가 없지 않은가.

바로 그때였다. 우리는 첫 급류에 휘말렸다. 처절한 비명이 들리는가 싶더니 마리안의 외침이 이어졌다. "맙소사!" 나에 대한 동생의 믿음이 깨지는 소리가 들리는 것 같았다. 하지만 그 와중에도 웃음소리는 멈추지 않았다. 우리는 용감하다 못해 무모한 선원들이었다.

갑자기 무언가 깨지는 소리가 크게 들렸다. 바위에 부딪혀 배 바닥이 부서지는 소리였다. 열다섯 개의 못 가운데 한 개가 튕겨 나가더니 연이어 다섯 개의 못이 사라졌다. 쓰레기봉투로 감쌌던 우유 팩들이 강물 위를 둥둥 떠다니기 시작했다.

찰리와 마리안, 나는 허둥지둥 배를 버리고 용케 강기슭까지 헤엄쳐 나왔다. 마지막까지 혼자 남아 배를 지킨 사람은 일등항해사인 내 동생이었다. 동생은 삐걱대는 뗏목을 붙잡고 급류를 빠져나왔다. 나머지 아홉 개의 못까지 잃어버린 뗏목은 처량하게 가라앉고 있었다. 동생은 마침내 깃발을 움켜쥔 채 뗏목을 놓아 버렸다.

"배를 버려!" 내가 소리쳤다. 다른 말은 생각나지 않았다.

"이미 버렸다고!" 일등항해사의 겁 없는 대답이 돌아왔다. 동생은 무사하다는 신호로 깃발을 흔들었다.

야심만만한 우리 모험은 어이없을 정도로 짧게 끝나 버렸다. 몇 개월에 걸친 준비와 기대감을 생각하면 너무나도 슬픈 결말이었다. 그러나 중요한 건 내가 선장으로서 배를 지휘했다는 사실이었다. 더욱이 내 손으로 직접 만든 배를 말이다(물론 아빠의 도움도 크긴 했지만). 나는 배를 만들고 싶었고 그 꿈을 실현해 냈다. 아, 물론 정확히 말하자면 내가 꿈꾸던 해적선이 아닌 네모 판때기에 불과한 배였음을 인정한다. 하지만 그냥 네모 판때기는 아니었다. 내 배는 선원과 깃발과 뱃노래와 의리의 맹세를 품은, 짧은 시간이나마 사나운 강을 누빈, 명예로운 '네모 판때기'였다. 그것만으로도 충분히 멋지지 않은가!

용감한 소녀들

거친 바다를 항해하는 **카이울라니 머피**(Kaiulani Murpy)는 지피에스나 레이다 같은 첨단 장비는 물론, 나침반조차도 쓰지 않는다. 그녀는 고대인들처럼 별과 행성, 조류와 바람, 새들의 이동 패턴, 구름의 상태, 파도의 방향 등을 이용해 항해를 한다. 그녀의 조상이었던 하와이인들이 수천 년 전 커다란 카누를 타고 아시아에서 폴리네시안 섬들까지 바다를 건너 올 때 쓰던 바로 그 방식이다. 현재도 그녀는 '호쿨레아'라고 불리는 고대 하와이인의 배를 타고 4년 일정의 세계 일주를 계속하고 있다.

생존 꿀팁

1. 처음 만난 사람과 소통하기

스포츠 팀이나 우유 팩 뗏목 탐험대에 새로 가입했다고요? 그렇다면 첫인상이 매우 중요해요. 다른 사람이 먼저 다가와 인사해 주기만 기다리지 말고 내가 먼저 다가가 나를 소개해 보세요. 방법은 간단해요.

➡ 도전하기

① 상대와 눈을 맞춰요.

② 내 이름을 또박또박 말해요. "안녕하세요, 제 이름은 ○○○입니다"라고 인사하면 상대의 마음이 편해져요. 돈이라도 흘린 사람처럼 바닥을 보며 중얼중얼하는 건 좋지 않아요.

③ 가벼운 질문으로 대화를 시작해요. 질문은 미리 연습해 봐도 좋아요. 이를테면 "우유 팩을 모은 지 얼마나 되었나요?" 아니면 "저 멋진 우유 팩 뗏목이 당신 건가요?" 같은 질문 말이죠.

생존 꿀팁

2. 8자 매듭 배우기

다양한 매듭을 알아 두면 아주 요긴하지만 기억하기가 만만치는 않아요. 그래도 하나는 꼭 알아 두세요. 바로 8자 매듭인데요. 이것만 알아 두어도 여러 가지로 응용이 가능해서 다양한 상황에서 아주 요긴하게 쓸 수 있어요. 8자 모양이라서 알아보기도 쉽고요(7자나 12자 모양이면 잘못 만든 거예요. 다시 도전해 보세요).

➡ 도전하기

8자 매듭은 가장 기본적이면서, 비교적 간단하고, 잘 풀리지 않는 매듭이에요. 낚시줄을 묶는 데 많이 이용되지요.

8자 매듭을 확실히 배웠다면 이제 8자 고리 매듭도 시도해 보세요. 이 매듭은 잠금 카라비너carabiner를 연결할 때 많이 쓰는 매듭이에요. 이 매듭으로 팝콘 기계를 묶어서 나무 위 오두막으로 끌어 올릴 수도 있다니까요! 오른쪽 그림처럼 밧줄 한쪽 끝을 고리 모양으로 만들어 시작한다는 점만 8자 매듭과 달라요.

자, 이제 8자 되감기 매듭을 알아볼까요? 두 밧줄을 단단히 연결할 때 쓰는 매듭이죠. 만드는 건 아주 간단해요. 일단 밧줄 하나는 끝부분을 좀 남겨 놓고 8자 매듭을 만들어요(오른쪽 그림을 참고하세요). 그리고 다른 밧줄로 처음 밧줄의 매듭을 역순으로 따라가기만 하면 된답니다. 지금 바로 한번 해 보세요!

8자 매듭을 배워 봅시다

8자 매듭

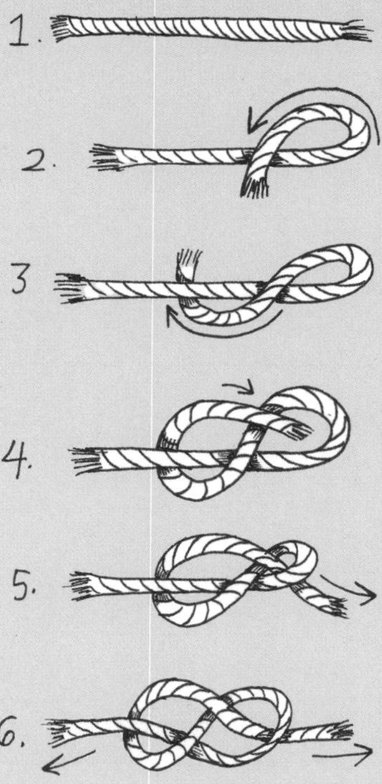

(정말 '8자'처럼 보이죠?)

8자 고리 매듭

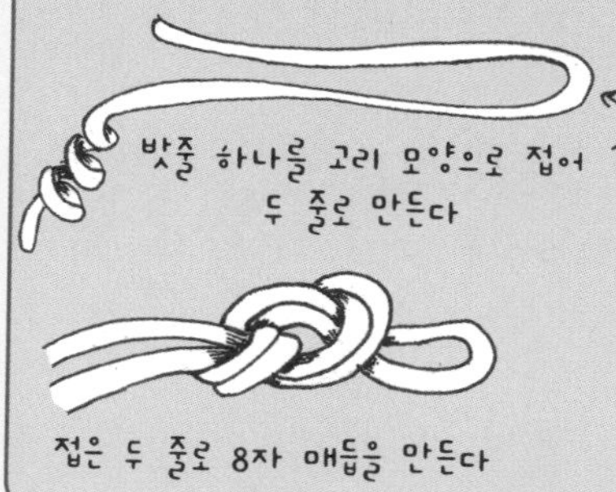

8자 되감기 매듭

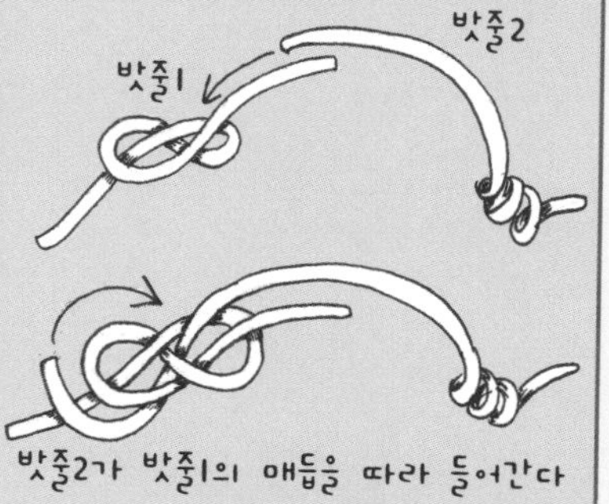

모험일지

뭔가를 직접 만들어 본 적이 있나요? 언제, 무엇을, 누구와 만들었는지 또 만드는 과정은 어땠는지 모험일지에 써 보세요. 아주 즐거웠나요? 아니면 힘들었나요? 직접 만들어 본 게 없으면 앞으로 만들어 보고 싶은 걸 써도 좋아요. 나무 위 오두막, 우유 팩 해적선 등 어떤 것이든 좋아요. 우주선이나 초고층 빌딩 같이 불가능하다고 생각되는 것도 괜찮아요. 모험일지에는 어떤 꿈을 써 넣어도 된답니다.

모험을 떠날
손 안에 손전등
근사한 탐험가 모자
가는 거야!
나랑 죽이 잘 맞는 친구
칼, 병따개, 톱날 등 없는 게 없는 멀티툴 맥가이버 칼
나침반
와우!
와우!
와우!
와우!
"와우!"를 수십 번 외칠 마음의 준비
방향을 알려주는 별
WOW
와우!
와우!
와우!
와우!

준비가 되었나요?
'탐색'이란 말이 필요할 때
'탐색'을 시작합시다!
저쪽으로!
우스꽝스런 가방
진흙탕에 빠졌어.
암호
자전거도 타고
스케이트보드도 타고
용가리도 타고
와우!
너무 설레고 흥분돼. 배 속에서
나비들이 팔딱거리는 기분이야.
그리고!
인터넷, 전화, 텔레비전은
꿈도 꾸지 마시오!
헤어스타일은 그냥 포기하시오!

타인의 상상력 안에 자신을 가두지 마세요.

_마에 제미선Mae Jemison, 우주비행사

성공을 수없이 거둔 여성도 과감한 도전 앞에서 실패할 수 있다. 하지만 실패에서 소중한 교훈만 얻는다면 더는 실패가 아니다.

_마야 엔젤루Maya Angelou, 시인, 작가

뭐가 문제인 거죠?

_간호사로 일하다 은퇴한 75세의 바바라 힐러리Barbara Hillary가 이제껏 어떤 흑인 여성도 북극에 가본 적이 없다는 사실을 알고 나서 한 말. 그녀는 개인 트레이너를 고용해 몸을 만들고 스키를 배운 후 북극을 향해 떠났다.

2장

기네스북 도전

GIANT SUPER NEW EDITION
GUINNESS
BOOK OF
WORLD
RECORDS!
#1 AUTHORITY ON ALL-TIME RECORDS

기네스북 도전

남들이 비웃어도

처음엔 기네스북을 따분한 책이라고만 생각했다. 달리기 기록, 수영 기록, 자동차 경주 기록 따위에 관심 있는 사람이 세상에 몇이나 될까? 대다수 사람에게는 그런 숫자들이 별 의미가 없다. 달리기 선수나 수영 선수 그리고 카레이서야 관심이 있겠지만 말이다. 어쩌면 그 선수들 엄마까지는 관심을 가질지도 모르겠다.

그런데 알고 보니 기네스북은 그런 따분한 책이 아니었다. 기네스북은 우리가 익히 아는 기록들뿐만 아니라 아주 기이한 기록들까지 세계 최고 기록들을 모아 놓은 책이었다. 이를테면 세상에서 가장 긴 손톱은? 멜빈 부스라는 사람의 손톱 길이를 다 합치면 9.85미터였다고 한다. 3층 건물 높이와 맞먹는 길이인데 그걸 손가락에 달고 다닌다고 생각해 보라. 뱀에 관한 기록도 있다. 세계에서 가장 긴 뱀의 길이는 7.6미터에 이른다고 한다. 친구들 대여섯 명이 층층이 어깨를 밟고 올라선 높이다. 한쪽 눈으로 우유 멀리 뿌리기 세계 기록은? 믿기지 않겠지만 진짜 이런 걸 연습하는 사람이 있다. 이스탄불에 사는 케르 일 마즈는 이 황당한 분야에서 2.79미터라는 기록을 세웠다. 사람이 혓바닥으로 들어 올린 최고 무게는?(혓바닥 한가운데 고리를 걸어서 드는 거란다. 혓바닥에 고리라니!) 생각만 해도 징그러워서 답을 말해 주고 싶은 기분이 안 나지만, 궁금한 사람들을 위해 알려 주자면 답은 12.8킬로그램이다. 웬만한 개 몸무게와 맞먹는 무게를 혓바닥으로 들어 올린 셈이다.

학창 시절 기네스북에 대해 알게 된 나는 세계 기록을 하나 꼭 세워야겠다고 마음먹었다. 레슬리 텁톤(여행 가방에 가장 빨리 들어간 사람, 5.4초!), 스위트 피(물컵을 코에 얹고 가장 많이 걸어간 개, 열 걸음!), 샬럿 리(고무로 만든 오리를 가장 많이 모은 사람, 5,631개!). 내 이름이 이들과 나란히 기네스북에 오른다니, 이 얼마나 폼 나는 일인가.

그렇다면 어떻게 해야 할까? 우선 동지를 구해야 했다. 나처럼 세계 기록이라는 말만 들어도 눈이 반짝반짝해지는 친구, 체력도 되고 뚝심도 있으면서 다른 사람들의 비웃음 따위는 가볍게 무시해 버리는 당당함이 있는 친구. 앤은 이 조건에 딱 들어맞는 친구였다.

우리는 머리를 맞대고 어떤 기록에 도전할지 생각했다. 별다른 특기가 없던 우리는 '칼 삼키기', '스카이콩콩 타기', '물구나무서기' 같은 것들은 일찌감치 후보에서 제외했다. 대신 아직까지 누구도 생각하지 못한 분야, 우리가 최초일 분야에 도전해 보고 싶었다. '물구나무서서 포도 먹기'도 생각해 보고 '4단 케이크 들고 빙판 걷기'도 고민해 보았는데, 심사위원들이 그런 묘기는 인정해 주지 않을 것 같았다. 챔피언이 되고는 싶은데 별다른 재주가 없으니까 얕은 수를 쓴다는 걸 심사위원들도 알아챌 것만 같았다. 그 무엇보다도 우리는 진지한 마음을 보여 주고 싶었다. 결국 우리는 가장 기본적이고 간단하면서도 기존 기록을 갈아치우고야 말겠다는 굳은 의지를 잘 보여 줄 수 있는 분야로 결정했다. 비록 특별한 재주는 없을지언정 불타는 의지만큼은 누구에게도 지지 않을 자신이 있었으니까.

'기어가기!'

누구나 아기 때 기어 다닌 적이 있을 것이다. 아기 때 한 일을 지금이라고 못할 까닭이 없지 않은가. 우리는 기네스북(참고로 이 책은 700쪽

용감한 소녀들

1889년 당시 기자였던 **넬리 블라이(Nellie Bly)**는 소설 『80일 간의 세계 일주』의 주인공과 겨뤄 보기로 결심했다. 블라이는 따뜻한 코트 한 벌과 속옷 몇 개 그리고 세면도구만 달랑 챙겨서, 증기선과 열차를 타고 세계 일주를 시작했다. 결국 블라이는 72일 6시간 11분 15초라는 세계 일주 신기록을 세웠다.

이 넘는다)을 펼치고 '기어가기'를 찾아보았다.

'세계 기록 20.1킬로미터!'

20.1킬로미터를 걸어 본 적도 없는 나에게 기어서 그 거리는 정말이지 아득하기만 한 숫자였다. 그런데 그날은 무엇에 홀렸는지 기록을 깨는 게 어렵지 않아 보였다. 20이라는 숫자를 통째로 보지 않고 숫자 2와 0을 따로 읽었기 때문일까. '까짓것 2나 0이나 작은 숫자잖아!' 어쩌면 우리가 너무 순진했기 때문인지도 모르겠다. 아니면 둘 다였을지도.

"기어가기로 결정하자." 앤이 말했다.

우리는 기네스북 위원회에 편지를 써서 이 도전이 공식 기록으로 인정받으려면 어떻게 해야 되는지 물어보았다. 그리고 위원회로부터 증인 두 명이 있어야 하고, 언론에 보도되어야 한다는 답장을 받았다.

먼저 지역신문사에 전화를 걸어 우리 계획을 알리고 보도를 요청했다. 전화기 너머에서는 한참 동안 침묵이 흘렀다. 이어서 킥킥대는 소리가 들리더니, 보도를 약속했다. 뉴스거리는 되겠다고 판단한 모양이었다. 또 우리가 다니는 고등학교 선생님들에게 증인이 되어 달라는 부탁을 했다. 선생님들도 터무니없는 일이라고 생각하는 듯했지만 그래도 우리의 부탁을 들어주셨다. 아무리 터무니없는 일이라고 생각했더라도 세계 기록에 도전한다는 우리 의지를 그냥 무시해 버리기는 어려웠을 것이다.

주변엔 아무한테도 알리지 않았다. 믿지도 않겠거니와, 친구들이 들으면 코웃음 치거나 뒤에서 낄낄댈 게 분명했기 때문이다. 우리는 기록에 도전하는 동안 되도록 사람들 눈에 띄고 싶지 않았다. 불가능해 보이는 일에 도전하기 때문만은 아니었다. '기어가는 행위' 그 자체가 주는 묘한 굴욕감 때문이었다.

우리는 계획을 짰다. 장소는 정확한 거리 측정을 위해 학교 운동장으로 결정했다(운동장 한 바퀴는 400미터다). 날짜는 학교에 사람이 없는 봄방학 기간 중 하루로 잡았다.

우리가 열심히 연습했을 거라고 생각하겠지만, 사실 그렇지는 않았다. 불타오르는 투지, 그것만으로도 충분했다. 연습이라고는 고작 고무 패드를 구하러 동네 가구점까지 걸어간 것이 전부였다.

드디어 세계 기록 도전의 날 아침, 우리는 행운의 티셔츠와 가장 아끼는 청바지를 입고, 무릎에는 고무 패드를 동여맨 채 대업에 착수했다.

첫 바퀴는 식은 죽 먹기였다. 9분이 걸렸다. 우리는 박자에 맞춰 함께 기어 나갔다. 우스꽝스러운 광경임에 틀림없었지만 우리는 전혀 그런 기분이 들지 않았다. 오히려 벅찬 기분이었다. 우리에게는 꿈이 있었고, 곧 그 꿈이 실현될 터였기 때문이다.

해가 없는 조용한 날이었다. '이거 참 쉬운데? 하나도 어렵지 않잖아.' 우리는 생각했다. 일단 기록을 세운 뒤엔 그 기록이 영영 안 깨지면 좋겠다는 생각도 했다. 모자를 쓴 스탈머 선생님이 잔디밭에 놓인 의자에 앉아 우리를 지켜보고 있었다. 한 시간이 채 지나지 않아 우리는 1.6킬로미터를 기었다. 이제 18.5킬로미터만 더 기어가면 성공이다.

그다음 바퀴는 속도가 좀 느려지긴 했지만 우리 투지는 여전히 하늘을 찔렀다. 신문사에서 나온 사진기자는 우리에게 트랙 옆에 놓인 커다란 점수판 밑에서 기어가는 자세를 잡아보라고 했다. "거기까지 가면 할게요." 우리가 말했다. 벌떡 일어나서 점수판까지 걸어갈 수는 없는 일이었다. 엄연히 규칙이 있는데 말이다! 우리를 인터뷰한 기자는 화장실은 어떻게 갈 건지 물었다(사람들은 한결같이 이걸 궁금해했다). "기어갈 거예요." 우리는 대답했다. 기어가기만 한다면 전혀 문제될 것이 없었다. 기어가지 못할 이유도 없었다. 그 과정을 자세히 묘사하고 싶지는 않지만.

우리는 학교에서 누가 누구를 짝사랑하는지, 누구 인간성이 못돼 먹었는지, 제일 싫은 선생님은 누군지 등등 흥미진진한 수다를 떨며 기어갔다. 그러나 4킬로미터가 넘어가자 그런 수다도 지겨워졌다. 그래서 이후로는 그저 묵묵히 기어가기만 했다. 그때부터 슬슬 무릎이 아파오기 시작했다.

우리는 기어갈 때 필요한 장비들을 시험해 보지도 않고 실전에 돌입한 터였다. 이 장비들에 우리 정신 상태까지 포함시키지는 않겠다. 우리 정신 상태야 뭐, 항상 훌륭하니까(동의하지 않는 이들도 있겠지만). 여기서 말하는 장비들이란, 옷과 가구용 고무 패드를 뜻한다. 질기다는 이유로 청바지를 골랐건만, 재질이 거칠고 마찰이 심한 점을 미처 생각하지 못한 게 실수였다. 게다가 바지 안에 묶었어야 할 고무 패드도 겉에 묶는 바람에 청바지가 살에 닿을 때마다 쓰라렸다. 급기야는 무릎도 까지고, 고무 패드 묶은 매듭이 닿는 무릎 뒤 살갗도 까지기 시작했다. 움직일수록 점점 더 아팠다. 그래도 우리는 앞으로 나아갔다. 정확히 말하자면, 앞으로 기어 나갔다.

그런데 6킬로미터쯤 기었을 때 예상치 못한 일이 일어났다. 학교 라크로스(끝에 그물이 달린 크로스라는 스틱을 이용하여 상대의 골에 공을 넣어서 득점을 겨루는 구기 경기–옮긴이) 팀 선수들이 운동장을 달리고 있었던 것이다. 그것도 '남자' 선수들이었다. 그렇게 치밀하게 계획을 세웠건만 선수들이 봄방학에도 학교에 나와 연습한다는 사실은 놓친 것이다.

창피하다는 단어만으로는 당시 우리 감정을 설명하기에 턱없이 부족하다. 우리는 기어가고 있는데! 두 팔과 두 다리로! 그것도 남자 선수들 바로 코앞에서! 창피하다 못해 굴욕감마저 들었다. 다행히 팀 코치가 선수들에게 우리 쪽을 쳐다보지도 말고, 아무 말도 하지 말라고 지시했다. 세계 기록에 도전하는 중이니까 방해하면 안 된다면서.

선수들은 조용히 지나갔다. 그들이 눈앞에서 사라졌을 때 우리는 엉엉 울어 버릴 뻔했다. 여러분이 세계 기록에 도전할 때는 근처에서 운동부 남자 선수들 연습이 있는지 반드시 확인하기를 당부한다.

어른들한테 비웃음을 당하고, 무릎은 다 까지고, 그것도 모자라 남학생들 앞에서 망신을 당하고 나니 이보다 더 나빠질 수 있을까 싶었다.

하지만 그보다 더 나빠질 수도 있었다. 앤이 배가 아프기 시작한 것이다. 결국 앤은 8.8킬로미터에서 포기하고 말았다. '나 혼자라도 계속 도전해야 하나?' 나는 갈 데까지 가 보리라 마음먹었다. 정말 이보다 더 나빠질 게 뭐가 있겠나 싶었다.

그때 갑자기 비가 내리기 시작했다. 비 자체는 문제가

용감한 소녀들

브룩 라부투(Brooke Raboutou)는 열한 살 때 5.14b등급(엄청난 고난도 등급임) 암벽등반을 성공한 최연소 기록 보유자다. 그녀의 코치 말에 따르면 "오직 0.0001퍼센트의 암벽등반가만이 해낼 수 있는 일"을 해낸 것이다. 브룩은 세계적 수준의 암벽등반가인 부모님에게 걷기 시작할 때부터 암벽등반을 배웠다고 한다.

아니었다. 미리 비옷도 준비했으니까. 문제는 비에 젖은 청바지가 다리에 감기면서 무릎이 점점 더 심하게 까지는 것이었다. 피라냐 수천 마리한테 무릎 살을 뜯기는 것만 같았다.

그만두고 싶은 마음이 굴뚝같았다. 고작 9.6킬로미터를 기었지만 내가 왜 이걸 시작했는지도 생각이 안 날 정도였다. 세계 기록이고 뭐고 다 미련한 짓인 것만 같았다. '20.1킬로미터를 기었다는 사람이 누구라고? 그게 누구든 간에 머리가 어떻게 된 사람이 분명해.' 너무 지치고 고통스러운 나머지 정신도 가물가물해졌다.

이 도전이 왜 그렇게 중요했는지도 잊어버릴 지경이었다. 그래도 나에게 중요하니까 시작한 일인 건 분명했다. 나는 부정적인 감정들은 모두 떨쳐 버리기로 결심했다. 피로와 아픔 같은 육체적 고통 따위에 지지 않으리라. 끝까지 계속 기어가리라.

나는 고개를 떨어뜨린 채 계속 기어 나갔다. 고통은 무시하기로 했다. 빗물도 무시하기로 했다. 어두워져 오는 하늘도 무시하기로 했다. 그러나 12킬로미터쯤에 이르자, 열이 오르면서 몸이 떨리기 시작했다.

"더는 안 되겠어." 시간을 재던 머피 선생님이 말했다. 여기서 그만둘 수는 없다고 힘없이 중얼거리며 저항하는 시늉은 했지만, 춥고 지치고 아파서 정신이 혼미했던 나는 머피 선생님 말씀이 반가웠다. 하지만 마음 한편으로는 슬프기도 하고 아쉽기도 했다. 세계 기록을 향한 나의 도전은 그렇게, 13.7킬로미터에서 실패로 막을 내렸다.

그런데 과연 이 도전을 실패라고만 할 수 있을까? 앤과 나는 비록 기록을 세우는 데는 실패했지만 큰 꿈을 품었다. 큰 꿈을 품는 건 작은 꿈을 이루는 일보다 더 의미가 있다. 남들이 비웃고 조롱해도 우리는 도전을 멈추지 않았다. 9.6킬로미터 지점에서 목표를 잊고 고통과 피로에 정신이 혼미해지긴 했으나, 너무 힘들어서 잠깐 나약해졌을 뿐이라고 스스로를 달래며 나는 앞으로 나아갔다. 우리가 한 일은 실패라기보다는 '모험'이라고 불려야 마땅할 것이다.

어른이 된 지금, 나는 누군가 기록에 도전한다는 이야기를 들으면 씩씩하게 운동장 트랙을 돌던 두 소녀를 떠올린다. 무릎에는 커다란 고무 패드를 대고 얼굴에는 자신만만한 웃음을 한가득 띤, 지나칠 정도로 큰 꿈을 꾸었던 두 소녀.

세계 기록을 세운다는 것은 물론 대단한 일이다. 하지만 세계 기록에 도전하다가 실패해 보는 것 또한 그에 못지않게 멋지고 위대한 일임을 꼭 기억해 주기 바란다.

생존 꿀팁

1. 자신감을 키워 주는 자세

원더우먼이 양손을 허리에 두고 다리를 벌린 채 서 있는 건 다 이유가 있어요. 과학자인 에이미 커디가 '하이 파워 포즈high power pose'라고 이름 붙인 이 자세는 자신감을 키워 준답니다. 하이 파워 포즈를 하면 스스로에 대해 긍정적인 인식을 갖게 하고 자신감을 높여 주는 호르몬이 분비된대요. 반대로 구부정한 어깨에 팔짱 낀 자세 같은 '로우 파워 포즈Low power pose'를 하면 기분을 저하시키고 불안하게 만드는 호르몬이 분비된대요.

➡ 도전하기

딱 2분 동안만 원더우먼 자세로 서 있어 보세요! 세계 기록 도전을 앞두고 있을 때, 수학 시험 직전에, 불편한 상대와 심각한 대화를 해야 할 때 이 자세를 취하면 자신감이 펑펑 솟아날 거예요. 혼자 해도 좋고 여러 친구들과 함께 해도 좋아요.

원더우먼 자세

생존 꿀팁

2. 모험일지 쓰기

모험 이야기는 누구나 좋아해요(맞죠?). 여러분도 자기만의 모험일지를 써 보세요. 꼭 높은 산을 정복했다거나 하는 거창한 사건일 필요는 없어요. 친구와 함께 자전거를 타고 가 보지 않은 길을 달린 이야기도 좋아요. 진짜 떨리는데도 과감히 손을 들고 발표한 적이 있나요? 그것도 훌륭한 이야깃거리가 될 거예요!

➡ 도전하기

모험일지를 꾸준히 써 보세요. 일어난 사건을 자세히 쓰는 것도 중요하지만 당시 감정을 솔직하게 쓰는 게 더 중요해요. 신이 났나요? 자신이 있었나요? 마음이 편했나요?

모험일지는 혼자만의 비밀로 간직해도 좋고, 멋진 표지를 씌운 책으로 만들어 친구나 가족에게 보여 줘도 좋아요.

기분이 어때요?

위 감정은 우리가 실제 느끼는 감정들의 극히 일부분이에요.
인간이 느끼는 감정은 2만 6,436가지에 달한다고 해요.

모험일지

기네스북에 도전하고 싶은 종목이 있나요? 잘하지 못해도 상관없어요. 도전하고 싶은 종목을 써 보세요. 구체적인 계획을 세워 봐도 좋아요. 기네스북 도전까지는 아니더라도 새로운 일에 도전했거나 모험을 했다면 그 내용을 써 보세요.

모험이 있는 소녀들의 일상

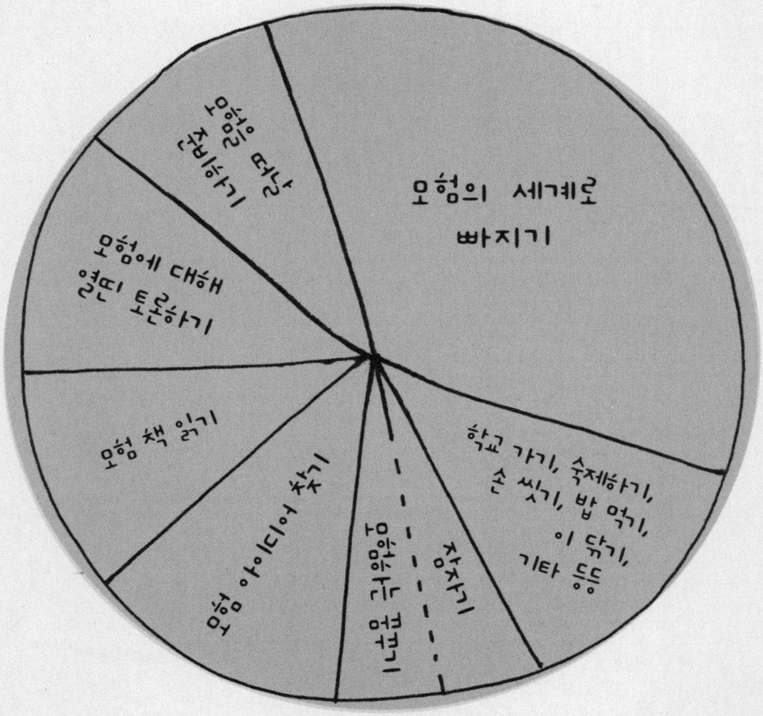

모험이 빠진 소녀들의 일상

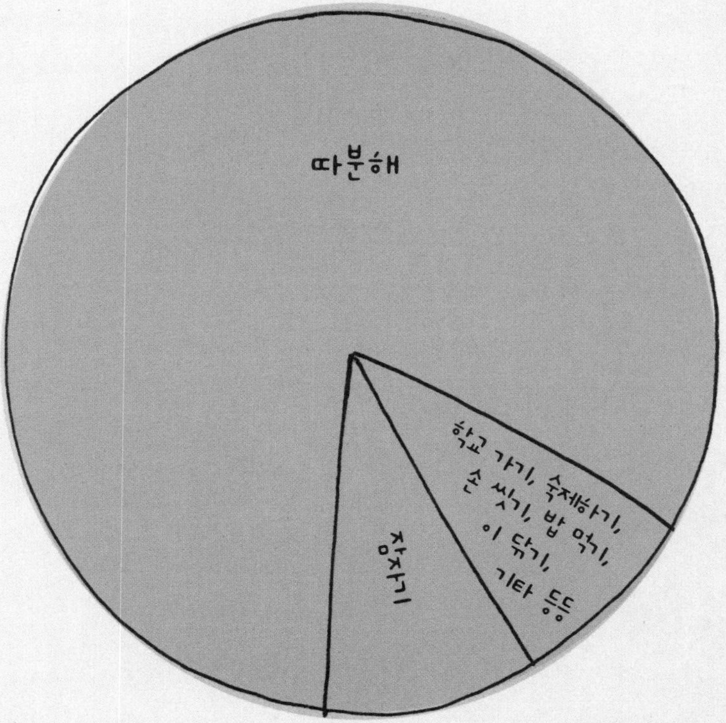

까마득히 높은 데서 아래를 내려다보는 건 하나도 무섭지 않아요. 이렇게 작은 내가, 이렇게 거대한 암벽을, 이렇게 높이 올랐다는 사실이 마냥 짜릿할 뿐이죠.

_브룩 라부투Brooke Raboutou, 11세, 세계적인 암벽등반가

아득한 높이의 흔들리는 외줄에 올라타는 순간 몸 전체로 저항이 느껴지죠. 수천 년 동안 낭떠러지를 피해서 살아 온 인간의 본능에 도전하는 순간이니까요.

_페이스 디키Faith Dickey, 줄타기 곡예사. 수십 미터 상공의 외줄타기에 처음 도전하면서 한 말. 이후 그녀는 1.2킬로미터 상공의 스위스 알프스 산 계곡을 포함, 수많은 외줄타기 도전을 계속했다.

모험이란 먼 사촌한테 갑자기 걸려온 전화처럼 시작되는 게 아니죠. 모험은 당신이 직접 찾아서 떠나는 거예요.

_출처 미상

3장

다리 꼭대기 오르기

다리 꼭대기 오르기

한 걸음 앞에 또 한 걸음

세상에는 꼭 올라야 하는 것들이 있다. 이를테면 산이 그렇다. 헝클어진 머리에 요상한 선글라스를 끼고 햇볕에 그을려 콧잔등이 벌건 산악등반가는 발가락을 몇 개쯤 잃고도 또 산을 오르겠다고 다짐한다. 떡갈나무는 또 어떤가. 가지 끝이 하늘을 향해 뻗은 떡갈나무. 기둥에는 단단한 마디가 박힌 키 큰 떡갈나무. 거기 올라가는 꼬맹이들과 다람쥐를 상상해 보라. 아참, 사다리도. 사다리야말로 뭐, 올라가려고 만든 거니 두말할 필요도 없겠지. 하지만 다리에 올라간다면?

친구 트리나가 골든게이트 브리지를 올라가겠다고 말했을 때 "뭐?"라고 물었어야 했다. 함께 도전하겠냐고 물었을 때 "같이?"라고 되물었어야 했다. 그런데 내 입에서 튀어나온 말은, "좋아."

소녀 대원 다섯 명으로 뭉친 우리 팀의 목표는 다리 위에 늘어진 케이블을 타고 다리 꼭대기까지 올라가는 것이었다. 골든게이트 브리지는 세계적으로 유명하다. 작은 다리였다면 그렇게 유명해지기는 어려웠을 터다. 이 다리는 크기가 엄청날 뿐만 아니라 높이가 장난 아닌 케이블 때문에 더 유명해졌다. 입이 떡 벌어질 만한 진짜, 진짜, 진짜 무서운 높이다. 정확히 말하자면 227미터. 70층 빌딩 높이나 마찬가지다. 그래서 우리도 심사숙고했다. 도전할 것이냐 말 것이냐.

결국 도전해 보기로 했다.

약속한 날 밤, 우리는 다리 아래에 모였다. 그리고 이음매와 대들보를 올려다보았다. 아무도 소리 내어 말하지 않았지만 각자가 무슨 생각을 하는지 알고 있었다. '와우! 아이고! 젠장! 맙소사!' 그건 모두 같은 의미였다. 저 꼭대기까지는 멀고도 험한, 기나긴 여정이 되리라는 것.

여기서 꼭 밝혀 둘 것이 있다. 골든게이트 브리지를 올라가는 일은 불법이다. 지금 나는 다리 오르기 같은 불법을 저질러도 좋다고 말하려는 게 절대 아니다. 사실 다리에 올라간 이야기는 이 책에 쓰지 말까도 심각하게 고민했다. 내 이야기로 인해 은행을 턴다거나, 남의 땅을 허락 없이 침입한다거나, 수영장에서 뛰어 다닌다거나, 남의 소중한 반려견을 보고 인상을 쓴다거나, 버스에서 할머니한테 자리를 양보하지 않는 사람이 생길까 봐 겁이 났기 때문이다. 그렇지만 현명한 소녀들이라면 내 이야기의 의도를 알 것이다. 내 뜻은 두려움을 극복하는 과정을 전하려는 것이지 범죄 계획을 세우라는 게 절대로 아니다. 다리에 올라간 일은 내가 했던 수많은 모험 중에서도 상당히 무모한 짓이었다. '정지' 또는 '접근 금지' 표지는 반드시 지켜야 한다. 나를 따라할 생각은 꿈에도 하면 안 된다.

다시 하던 이야기를 계속하자면…….

"시작할까?" 트리나가 속삭였다. 우리는 까만 옷에 모자를 눌러 쓰고 운동화 끈을 단단히 동여맸다(끈에 걸려 넘어지지 않도록). 그리고 다리 꼭대기까지의 멀고 먼 길을 막 출발하려는 사람들답게 짧게나마 요가 스트레칭을 했다(아참, 내가 골든게이트 브리지에 매달린 케이블에 올라가는 건 불법이라고 말했던가? 이미 했어도 한 번 더 말해야겠다. 한숨도 푹 쉬고 손가락도 저으면서 더 확실하게). 자정 무렵이 되자 우리는 한 명씩 차례로 준비 완료 신호를 보냈다. 그리고 한 명씩 차례로 철조망을 타 넘었다. 철조망은 우리 같은 사람들을 막기 위해 있는 거겠지만.

도시의 불빛은 반짝였고 바람은 고요했다. 발 아래에는 차들이 속도를 내어 달리고 있었다. 눈앞에는 난간 삼을 만한 쇠줄과, 한 발짝씩만 간신히 내디딜 수 있는 케이블이 있었다. 나는 생각했다. '이건 올라가는 게 아니야. 그냥 걸어가면 되는 거야. 걸어가는 것 쯤이야 할 수 있지.'

하지만 곧 내 생각이 틀렸음을 깨달았다. 도시의 불빛이 번지면서 눈이 부셨고 바람이 불기 시작했다. 헛디디지 않도록 발 아래에 시선을 집중하다 보니 점점 아득히 멀어져 가는 저 밑을 내려다보지 않을 수 없었다.

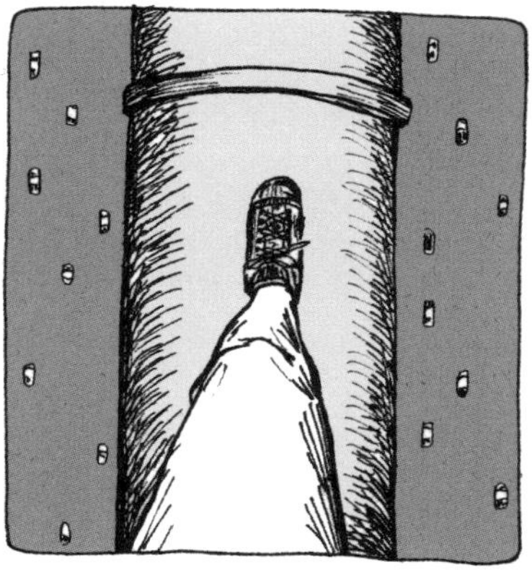

달리는 차들은 장난감처럼 작게 보였다. 조금 전까지 육지였던 곳도 이젠 바다였다. 아니 바다겠지 싶었다. 사실 보이는 것이라고는 시커먼 구렁뿐이었으니까. 그 시커먼 구렁 쪽에서 이따금 파도가 절벽에 부딪치는 소리가 들리고 파도가 만드는 하얀 거품이 보였다.

높은 곳에 올라가니 나도 보통의 인간에 불과했다. 멀쩡한 두뇌와 생존 본능을 가진 보통의 인간인 나는, 다리가 후들거리고 식은땀이 나고 머릿속에서는 누군가 외치는 소리가 들리는 것만 같았다. "밑에는 아무것도 없는 그냥 낭떠러지라고!!!"

나는 숨을 깊게 들이마시고 마음을 진정하려 애쓰며 스스로에게 말했다. "그냥 걸어가기만 하면 돼."

"그렇지, 차이는 단지 허공 위를 걷는다는 것뿐." 누군가의 목소리가 들렸다.

"알았으니까 입 다물어." 내가 말했다. 목소리의 정체를 알 것 같았다. 초대하지 않은 친구가 생일 파티에 나타났을 때처럼 가슴이 덜컥 내려앉았다. 초대하지 않은 정도가 아니라 내가 진짜 싫어하는 친구가 생일 파티에 나타난 느낌이었다. 생일 케이크를 혼자 다 퍼먹고, 게임에서 이기기 위해 사기까지 치는, 그런 친구가 나타난 느낌.

초대하지 않은 그 친구는 바로 '두려움'이란 녀석이었다. 지금 상황에서는 절대 환영받지 못할 존재였다. 나는 마음을 더 단단히 먹었다. 하지만 이미 늦은 걸까. 내 앞의 케이블이 갑자기 너무나 부실해 보이기 시작했다. 난간으로 잡고 있던 쇠줄도 이쑤시개처럼 쉽게 부러질 것만 같았다. 발밑은 낭떠러지인데…….

"단지 조심하라고 말을 걸었을 뿐이야." 두려움이 소

용감한 소녀들

마리 앙투안(Marie Antoine)은 네 살 때부터 재미로 나무 타기를 시작했다. 지금은 나무 타기가 직업이 되어서, 세상에서 가장 키가 큰 식물인 삼나무 숲을 연구하는 식물학자로 일하고 있다. 100미터 상공의 해먹에서 먹고 자는 일이 그녀에게는 일상이나 마찬가지다.

리쳤다.

"그래? 근데 너 때문에 오히려 방해가 된다고."

"나는 이성적으로 충고하는 거야." 두려움이 불쾌하다는 듯 말했다.

"이성이고 뭐고 간에 이건 그냥 걸어가기만 하면 되는 거야. 이거 봐(나는 고갯짓으로 케이블을 가리켰다). 그냥 한 걸음 한 걸음씩 내디디면 되는 거라고. 내가 밥 먹듯이 해 온 일이야."

"그래?(녀석은 아래가 얼마나 아득한지 보려는 듯 고개를 쭉 빼고 내려다보았다.) 35층 빌딩에서도 밥 먹듯이 해 봤다는 거지? 그게 지금 네가 서 있는 높이야. 이대로 쭉 70층 높이까지 갈 수 있다는 거지? 뭐 그냥 확인해 보는 거야."

어쩌면 당장이라도 다시 내려가는 게 나을 것도 같았다.

"너 지금, 그만둘 수 있을 때 그만둘까 생각하고 있지? 지진이라도 나면 어쩔래? 다리가 무너지면? 폭우라도 쏟아지면?" 두려움이 말했다.

차들은 이제 개미만 해졌다. 파도 소리가 아득히 들렸다. 도시의 불빛, 바다, 강철 그리고 밤공기의 파노라마 속에서 나는 너무도 미미한 존재처럼 느껴졌다. 어슴푸레하게 다리 꼭대기가 보이고 거대한 그림자가 괴물처럼 하늘에 드리워져 있었다. 뒤에서는 친구들이 천천히 쉬지 않고 움직였다. 훌쩍이거나 우는 친구는 아무도 없었다. 그들은 모두 두려움을 잘 견디고 있었다. '그런데 왜 나는 이렇게 겁쟁이인 거지? 왜 이렇게 유난히 두려움만 크게 느껴지는 걸까?'

나는 두려움을 느낄 때면 늘 하던 방법을 시도해 보기로 했다. 극기 훈련을 갔을 때 훈련 조교가 그랬던 것처럼 내 모든 감정에 집중하는 거다. 도전의 기쁨, 눈앞에 펼쳐지는 전망의 경이로움, 모험만이 줄 수 있는 흥분과 설렘. 그러자 마침내 녀석이 따라붙는 게 아무렇지 않게 느껴지기 시작했다.

"네가 거기 있어도 난 신경 쓰지 않아!"

"이봐, 아래를 보고 말해. 그냥 낭떠러지라고!" 이제 초조해진 건 녀석이었다.

나는 녀석의 말을 무시하고 한결 가벼워진 마음으로 한 걸음씩 나아갔다. 눈 아래 펼쳐진 경치는 경이로움 그 자체였다. 코이트 타워! 앨커트래즈 섬! 오른쪽으로는 베이 브리지가 보였다. 여전히 죽을힘을 다해 케이블을 잡고 있고 등에서는 땀이 줄줄 흘렀지만, 두려움보다는 모험의 짜릿함이 더 크게 느껴졌다. 긴장감은 여전했지만, 나는 다른 감정들에만 집중했다.

그때 베스가 외쳤다. "빨간 불이야!"

두 개의 빨간 불빛이 다리 아래쪽에서 케이블 중간 지점까지 비추고 있었다. 감시 카메라일지도 모른다는 생각이 들자 가슴이 철렁했다. 감시 카메라를 봤을 때 액션 영화 주인공들은 어떻게 대처했는지 얼른 떠올려 보았다.

- 날렵하게 감시 카메라를 피한다.
- 첨단 무기로 감시 카메라를 망가뜨린다.
- 특수 갈고리를 써서 감시 카메라를 낚아챈다.

물론 우리는 액션 영화 주인공이 아니기에 나약한 인간이 할 수 있는 방법을 택했다. 고개를 돌려 얼굴을 감추고 허둥지둥 지나간 것이다. 감시 카메라에 걸렸는지는 아직 알 수 없었다.

경사는 더 가팔라져서 이제는 거의 발끝으로 걷다시피 해야만 했다. 손바닥에는 쇠줄 자국이 났다. 공중에 우뚝 솟은 거대한 금속 구조물 위에서 우리는 미세한 다섯 개의 점에 불과했다. 그래도 나는 두려움이란 녀석을 잘 따돌리고 있었다. 녀석은 우리 맨 뒤에 붙어 성큼성큼 따라왔지만 내 생각은 다른 데 꽂혀 있었다. '정상에 가까워지고 있어. 정상이 바로 코앞이야.'

널찍한 가로대를 만나자 나는 폭풍우를 이겨내고 마침내 육지에 닿아 무릎 꿇는 선원 같은 심정으로 벌렁 드러누웠다. 용감무쌍한 우리 모험 대원들도 한 명씩 내 옆에 드러누웠다. 드디어 해냈다! 너무나 감격스러웠다. 그때 트리나가 말했다.

"나는 저 위까지 올라가야겠어."

나는 고개를 들어 올려다보았다. '저 위라니? 지금 있는 곳이 정상인데?'

그러나 아니었다. 우리 양쪽으로 6미터 정도 높이의 탑이 우뚝 솟아 있었다. 탑 꼭대기에는 기껏해야 1제곱미터 정도의 평평한 공간이 있었다. 그 중앙에서는 빛을 비추고 있었는데, 저공 비행을 하는 비행기를 위한 경계 표시 역할을 하는 듯했다. 트리나는 이내 사다리로 뛰어오르더니 탑을 향해 오르기 시작했다. 그리고 꼭대기에 가서야 멈추었다. 나는 그게 끝일 거라고 생각했다. 거기서 좀 쭈그리고 있다가 내려오겠거니 생각했다. 그런데 트리나가 천천히 일어나기 시작했다. 천천히, 천천히. 마침내 완전히 일어선 트리나는 두 팔을 머리 위로 번쩍 들어올렸다. 밤하늘을 배경으로 검은 윤곽이 드러났다. 트리나보다 높은 것은 이제 주위에 아무것도 없었다. 트리나는 큰 함성을 내질렀다. 마침내 다리 꼭대기의 꼭대기까지 올라간 트리나는 입이 귀에 걸린 듯 함박웃음을 짓고 있었다.

트리나가 해냈는데 나라고 못할쏘냐. 나는 천천히 일어났다. 심장이 다시 쿵쿵 뛰기 시작했다. 잦아들었던 숨이 가빠졌다. 나는 사다리로 가서 트리나가 내려오기를 기다렸다. 그리고 탑을 향해 오르기 시작했다. 아, 그때의 흥분과 기쁨이란!

사다리를 다 오르자 평평한 공간이 나타났다. 나는 그곳에 미끄러지듯 드러누웠다. 오직 밤공기만이 나를 감쌌다. 하늘은 닿을 듯 가까웠다. 나는 조금씩 조금씩 한쪽 다리를 일으켜 보았다. 나머지 한 다리도 조심스럽게 움직여서 그 손바닥만 한 곳에 웅크려 앉았다. 두 눈은 질끈 감았다. 그런데……. 거기서 더는 일어날 수가 없었다. 일어나! 스스로에게 소리쳤다. 일어나야 된다고! 하지만 몸이 얼어붙은 것만 같았다. 거기까지가 내 한계였던 것이다. "난 못해." 신음이 나왔다. 그렇게, 숨을 헐떡이며 한참을 있어야 했다. 그다지 멋진 모습은 아니었다. 두 발로 당당하게 일어서지는 못했으니까. 하지만 누가 뭐래도 내가 꼭대기의 꼭대기까지 올라온 건 사실이었다. 친구들의 환호 소리가 들렸다.

우리는 바람을 맞아 꼴이 말이 아니었지만 환희의 표정으로 사진을 찍었다. 시계를 흘낏 보니 내려갈 시간이었다. 문득 감시 카메라가 떠올랐다. 찍혔을까? 나는 엘리베이터를 쳐다보았다(그렇다.

용감한 소녀들

아시마 시라이시(Ashima Shiraisi)가 남아프리카공화국의 볼더링 코스인 '골든 섀도'에 도전한 것은 열세 살 때였다. 골든 섀도는 V14급으로, V16급까지인 볼더링 등급 체계에서 최고 선수만이 해낼 수 있는 매우 고난도 코스다. 볼더링은 지상으로부터 7.6미터 이하의 바위를 로프 없이 등반하는 스포츠로, 등반용 벨트 대신 바닥에 안전을 위한 크래시 패드를 깔 수 있다.

거기에도 엘리베이터가 있었다. 영리한 사람들 같으니라고). 차라리 엘리베이터가 열리고 경비원들이 나와서 우리를 발견해 주었으면 싶었다. 경비원들이 한숨을 푹 쉬면서 우리를 엘리베이터에 태워서 데리고 가 주었으면 싶었다. 하지만 엘리베이터는 열리지 않았다. 빨간 불빛은 감시 카메라가 아니었던 모양이다. 어쩌면 낮게 날아가던 비행기 불빛이었는지도 모르겠다. 경비원과 함께 안전하게 엘리베이터를 타고 가는 일 따위는 생기지 않았다. 그랬다면 싱겁게 끝나긴 했겠지만. 나는 다시 케이블에 올랐다. 콩알만 한 차들과 엄지손가락만 한 가로등을 내려다보며, 쇠줄을 단단히 움켜쥐고서, 한 발 한 발 꾹꾹 내딛으면서, 나는 다시 걷기 시작했다.

생존 꿀팁

1. 스토킹 스텝

걷는 방식도 상황에 따라 여러 가지가 있어요. 다리 위에서 우리는 보폭을 줄여 한 발 바로 앞에 다른 한 발을 놓으며 걸어야 했죠. 만약 광활한 자연 속에서 야생 동물을 만났는데 가까이서 보고 싶으면 어떻게 해야 할까요? 생존주의자(전쟁 등의 위험에서 살아남기 위해 대비하는 사람) 탐 브라운 주니어는 '스토킹 스텝Stalking Step'을 추천합니다(이 방법은 한밤중에 부모님을 깨우지 않고 부엌에 들어갈 때도 해 볼 만해요).

➡ 도전하기

스토킹 스텝은 일정한 보폭으로 부드럽게 멈추지 않고 걸어야 합니다. 그리고 아주아주 천천히 걷는 게 관건이에요. 한 발자국 떼어서 다시 땅에 내려놓는 데 1분쯤 걸릴 정도로 천천히 걸어야 해요. 양팔을 몸에 붙이고 웅크린 자세에서 시작하는데 발은 바닥에서 천천히 활 모양을 그리며 떼어요. 착지할 때는 엄지발가락 바깥쪽부터 땅에 내려놓아요. 엄지발가락이 땅에 닿으면 무게중심을 옮겨서 천천히 발꿈치를 땅에 내려놓아요. 혹시 야생동물(또는 부모님)이 내 쪽을 바라보면 걸음을 멈추고 동물이 안심할 때까지 그 자세 그대로 기다려야 해요.

생존 꿀팁

2. 북극성을 찾아라!

야외에서 밤을 보낼 때면 고개를 들어 하늘을 쳐다보세요. 수천 년 전부터 우리 조상들은 북극성을 이용해 항해를 했어요. 우리도 해 볼까요? 북극성을 찾으려면 먼저 북두칠성을 찾아야 해요(북두칠성은 도시에서도 쉽게 찾을 수 있어요). 커다란 국자 모양의 이 별자리는 똑바로 있을 때도 있고 거꾸로 있을 때도 있고 옆으로 있을 때도 있어요. 밤이 깊어질수록 그리고 계절에 따라서도 방향이 달라지거든요. 먼저 북두칠성에서 네모난 국자 부분을 찾아요. 그리고 국자 손잡이를 잡고 국자에서 물을 따른다고 상상해 보세요. 물이 흘러내리는 면에 있는 두 별을 '지극성pointer stars'이라고 하는데, 이 지극성을 잇는 선을 따라가면 북극성을 발견할 수 있어요.

➡ 도전하기

북극성을 이용해 방위를 찾아 볼까요?

북극성은 1년 내내 움직이지 않고, 북쪽 하늘에 있기 때문에 옛날부터 나침반 역할을 해왔어요. 북극성을 바라보고 양팔을 벌리면 오른쪽 방향이 동쪽, 왼쪽 방향이 서쪽, 등 뒤쪽 방향이 남쪽이에요.

주의 : 남반구에서는 북극성이 안 보여요. 혹시 남반구에서 북극성 찾느라 헛고생 한 친구가 있다면 미안.

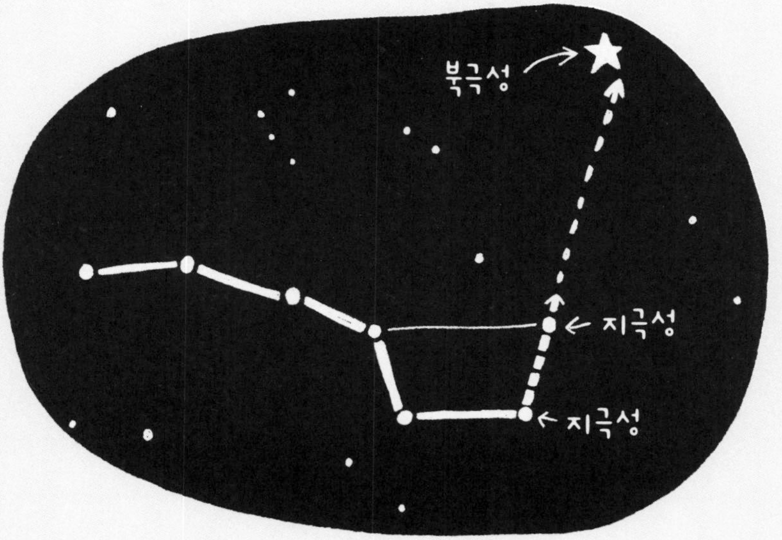
북극성
지극성
지극성

모험일지

어려운 상황에 처했을 때는 먼저 자신의 감정을 아는 게 필요해요. 다리에 올라갈 때 나는 내가 두려워하고 있다는 걸 알았어요. 동시에 내가 느끼는 기쁨과 설렘도 알았죠. 여러분은 지금 어떤 감정을 느끼고 있나요? 43쪽에 있는 감정 목록에서 지금 자신의 감정을 가장 잘 나타내는 얼굴을 골라 아래에 그려 보세요. 그리고 왜 그런 감정을 느끼는지 이유를 생각해서 써 보세요.

절벽에서 뛰어내려도 될까?

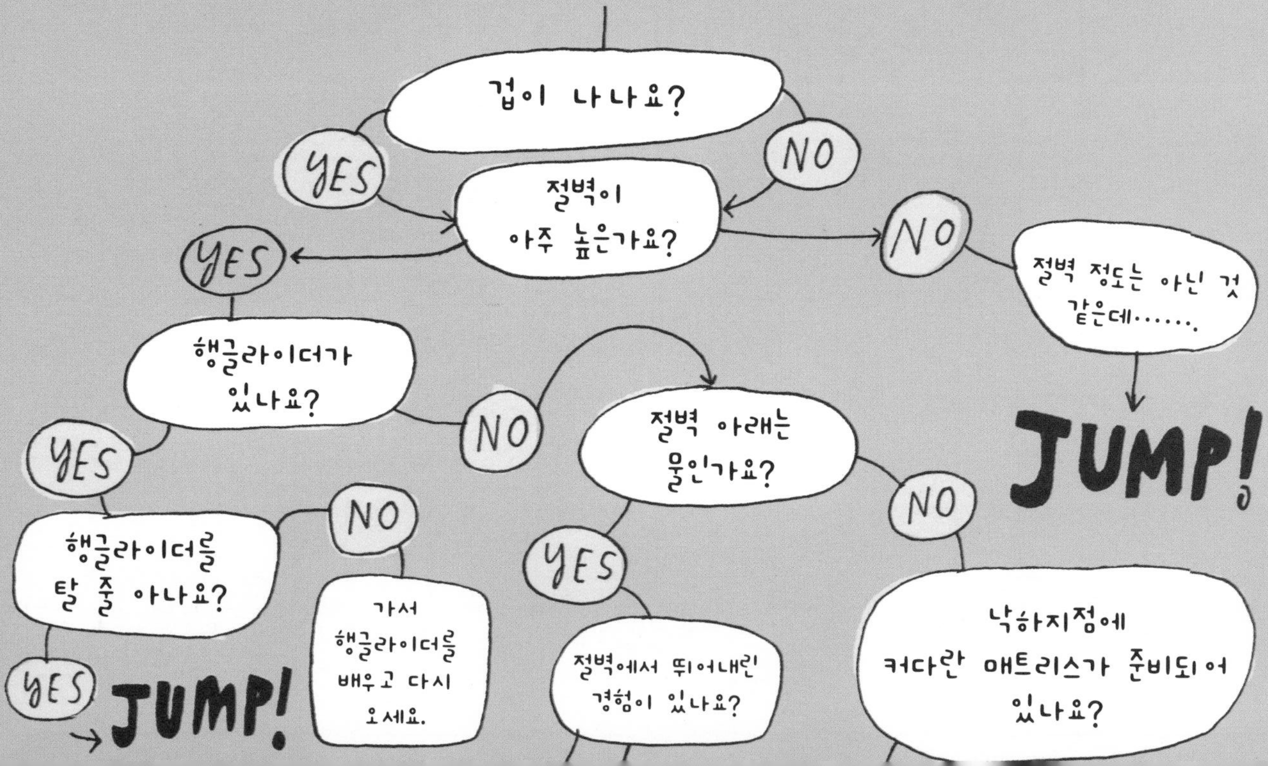

화살표를 따라가 보세요

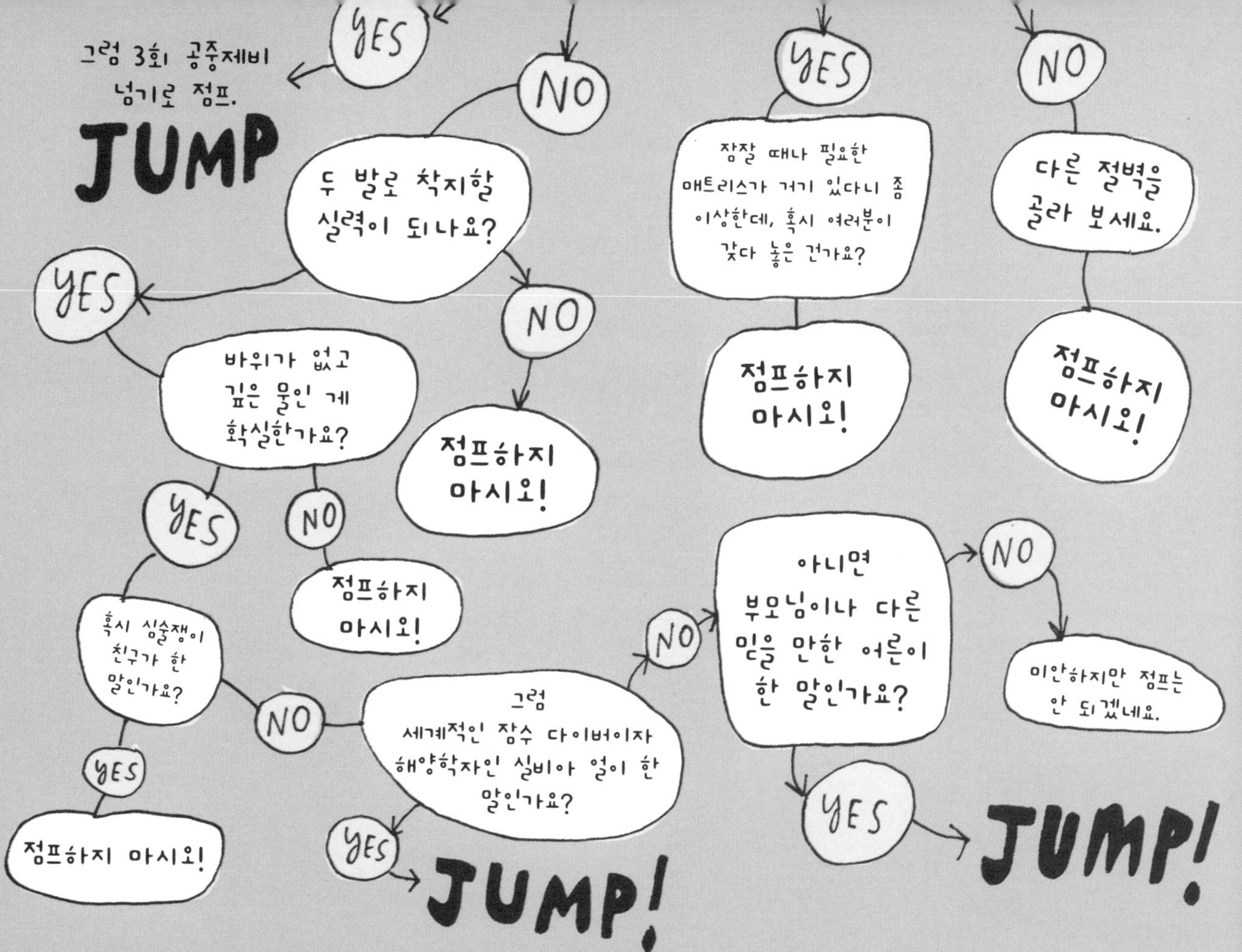
YES
그럼 3회 공중제비 넘기로 점프.
JUMP
NO
두 발로 착지할 실력이 되나요?
YES
NO
바위가 없고 깊은 물인 게 확실한가요?
점프하지 마시오!
YES
NO
점프하지 마시오!
혹시 심술쟁이 친구가 한 말인가요?
YES
점프하지 마시오!
NO
그럼 세계적인 잠수 다이버이자 해양학자인 실비아 얼이 한 말인가요?
YES
JUMP!
NO
아니면 부모님이나 다른 믿을 만한 어른이 한 말인가요?
YES
JUMP!
NO
미안하지만 점프는 안 되겠네요.
YES
잠잘 때나 필요한 매트리스가 거기 있다니 좀 이상한데, 혹시 여러분이 갖다 놓은 건가요?
점프하지 마시오!
NO
다른 절벽을 골라 보세요.
점프하지 마시오!

여자들은 마음만 먹으면 무엇이든 할 수 있어요.

_오거스타 밴뷰런Augusta Van Buren은 1916년, 자매인 애비게일과 함께 뉴욕에서 멕시코까지 오토바이를 타고 가는 데 성공했다.

오싹할 만큼 굉장했죠!

_섀넌 피츠제럴드 달레시오Shannon Fitzgerald D'Alessio, 스카이다이빙 세계 신기록에 성공한 소감.

대담함이 변화를 만든다.

_마에 제미선Mae Jemison, 우주비행사

4장

패러글라이딩 비행

패러글라이딩 비행

내겐 너무 높았던 하늘

나는 늘 새처럼 날아 보고 싶은 꿈이 있었다. 하지만 어떻게? 두 다리와 두 팔, 네 손가락과 마주 보는 엄지손가락은 있지만 정작 필요한 날개가 없는 걸.

열여덟 살에 나는 비행 레슨에 등록했다. 낡은 세스나150(세스나 cessna에서 생산해 세계 최대 판매량을 기록한 4인승 경비행기 세스나172에 이어, 두 번째로 많이 판매된 2인승 경비행기 모델이다-옮긴이) 조종석에 앉아 비행을 배운 나는 곧 자가용조종사 자격을 딸 수 있었다. 활주로를 달려서 엔진 소리와 함께 날아올라 마을과 평원이 눈 아래 펼쳐질 때 그 기분이란! 하지만 그것만으로는 뭔가 부족했다. 정확히 말하자면 뭔가가 '아주 약간' 부족했다. 깃털 속으로 바람을 느끼는 건 어떤 기분일까(내 경우엔 당시 유행하던 깃털 머리 사이로 느끼는 바람이겠지만). 하늘 위에 높이 떠서 나와 땅 사이에 존재하는 건 오로지 공기뿐일 때, 그럴 때는 과연 어떤 기분일까. 세스나를 타면 알루미늄과 유리 속에 들어앉은 셈이었고 그건 새처럼 날아가는 것과는 분명히 달랐다. 통조림 깡통에 담겨 날아가는 기분이라고나 할까.

그래서 나는 패러글라이딩에 도전했다. 사람들(특히 보험사 직원이나 엄마)은 패러글라이더가 침대 시트에 끈을 매달아 놓은 것 같다고 한다. 사실 나름 정확한 묘사다. 패러글라이더의 침대 시트는 날개 모양이라는 것과 그 날개 모양 침대 시트로 하늘을 잘 날아다닐 수 있다는 것만 빼면 말이다.

줄을 하네스(걸터앉는 말안장 모양의 조종석-옮긴이)에 연결하고, 조종석에 올라탄 다음, 양 엄지손가락이 마주 보게 손잡이를 잡고 달리기 시작한다. 절벽에서 뛰어내린다. 야호! 어느새 나는 새처럼 날고 있다!

나는 패러글라이딩에 빠져들었다. 바다 위로 붕 떠올라 절벽을 스치는 바람을 타고 하늘로 솟구칠 때는 이런 게 새들의 일상이겠구나 하는 생각이 들었다. 하늘 위를 몇 시간이고 떠다니면서 주위에 날아다니는 매와 갈매기를 보면 마치 나도 그들과 하나가 된 듯한 느낌이었다.

그러던 어느 날, 함께 패러글라이딩을 즐기던 친구 라스와 마이크가 한 가지 제안을 했다. 패러글라이딩으로 저 멀리 브라질까지 날아가 보자는 거였다. 열기류 비행thermal flying(상승하는 뜨거운 기류를 잡아타는 비행-옮긴이)을 즐기기에는 브라질만 한 곳이 없다고 했다.

나는 패러글라이딩을 꽤 잘하는 편이었고 경험도 많았다. 하지만 열기류 비행에 대해서는 잘 몰랐다. 내가 '잘 모른다'고 말할 때는 사실 '아무것도 모른다'는 뜻이었지만, 그래도 친구나 가족에게 말할 때는 굳이 '잘 모른다'는 표현을 썼다. '잘 모른다'도 그다지 안심되는 말은 아니겠지만 "친구 라스와 함께 갈 거고, 라스는 열기류 비행 전문가나 마찬가지다"라는 말까지 덧붙이면 반응이 한결 나았기 때문이다. 사실 틀린 말도 아니었다. 한번은 라스가 브라질의 산 위에서 나에게 열기류 비행의 기본 지식을 설명해 준 적이 있었다. 그때 라스는 분명히 말했다. "해 보면 아무것도 아니야. 진짜 쉬워."

여기서 잊지 말아야 할 건 라스는 보통 사람과는 달랐다는 점이다. 그는 카약도 등반도 최고 수준이었다. 최악의 기상 조건에서도 살아남고, 직접 이글루를 만들고, 신발 끈으로 불을 지피고, 심폐소생술을 해 내는, 바로 그런 사람이었다. 라스가 쉽다고 말하는 건 자기한테 쉽다는 뜻이었다. 나 같은 보통 사람에게는 그런 것들이 쉬울 리가 없었다. 그러나 우리는 모두 라스를 동경해서 그에게 잘 보이고 싶어 했고 그건 나도 예외가 아니었기에, 굳이 그런 말을 입 밖에 내지는 않았다.

라스가 열기류 비행에 대해 아주 간단한 설명을 끝냈을 때도 나는 추가 질문 따위는 하지 않았다. 대신 열기류 비행이 쉬울 거라는 그의 말에 동의한다는 표정으로 고개만 끄덕거렸다. 곧 우리 셋은 패러글라이딩 옷을 입고, 배낭에서 패러글라이더를 꺼내 바닥에 펼친 다음 하네스에 올라탔다. 나는 속으로 중얼거렸다. '여태까지 사면 비행Ridge Soaring(능선을 따라 오르는 바람에 기댄 비행-옮긴이)만 해 봤는데……. 열기류 비행은 다를 텐데……. 에이, 어차피 패러글라이딩인 건 마찬가지인데 뭘. 별일이야 있겠어?'

여기서 한 가지 꼭 말해 두고 싶은 것이 있다. 우리가 '뭐, 별일이야 있겠어?'라고 말할 때는 사실 별일이 생기기 쉬운 상황이다. 그럴 때는 '별일이 생길 수도 있다'고 생각하고 준비를 단단히 하는 편이 현명하다.

용감한 소녀들

마에 제미선(Mae Jemison)은 열여섯 살에 스탠퍼드 대학에 입학했다. 케냐, 시에라리온, 라이베리아 등에서 의사로 일하던 그녀는 우주비행사가 되기 위해 미국항공우주국(NASA) 우주 프로그램에 지원했다. 마에는 1992년, 흑인 여성으로서는 최초로 우주에 첫발을 내디뎠다. 이후 그녀는 여러 첨단 기술 회사를 창립했으며 현재 코넬 대학에서 교수로 일하고 있다.

하지만 그때 나는 그런 생각을 못한 채 하네스에 줄을 고정했다. 마이크는 내 날개 가장자리를 바로잡아 주었다. 내 뒤에 자기가 있을 테니 안심하라는 뜻이었다. 물론 하늘로 일단 날아오른 후에는 마이크나 라스가 해줄 수 있는 게 없다는 건 나도 알고 있었다. 바로 그런 까닭에 패러글라이딩은 세상에서 가장 황홀하면서도 고독한 경험이라 할 만했다.

출발.

라스와 마이크와 산등성이가 내 뒤로 점점 멀어져 갔다. 수백 미터 발아래로 바둑판 같은 마을과 들판이 한눈에 펼쳐졌다. 들리는 소리라고는 날개를 지나는 바람소리와 승강계variometer가 내는 일정한 간격의 삐삐 소리뿐이었다. 승강계는 고도를 측정해서 상승할 때는 소리가 높아지고 하강할 때는 소리가 낮아지는 장치로, 열기류 비행의 필수품이다. 고도가 높아지는지 낮아지는지를 인간의 눈과 귀, 배 속의 느낌만으로 측정한다는 건 지극히 어려운 일이기 때문이다. 바로 그때 승강계의 저음이 고도가 낮아지고 있음을 알려주었다. 이제 뭔가를 해야 할 시점이었다.

라스가 열기류 비행 강의에서 강조했던 내용을 얼른 떠올려 보았다.

1. 뜨거운 공기는 위로 올라간다.

2. 조종사는 열기류라 불리는 이 뜨거운 공기를 타고 위로 올라갈 수 있다.

3. 조종사는 기둥 모양의 열기류 속에서 새처럼 회전해야 한다.

4. 새들을 관찰하라. 열기류는 눈에 안 보이므로 주변에 회전하는 새들을 보면 열기류의 위치를 파악하기 쉽다.

5. 적운(뭉게구름)이 있는 곳에 열기류가 있다. 열기류의 뜨거운 공기가 식으면서 적운이 되기 때문이다.

마침내, 새처럼 날아 볼 수 있는 순간이었다.

내 오른편에 뭉게구름을 발견한 나는 구름 쪽으로 향했다. 그때까지만 해도 나는 보이지도 않는 상승기류를 이용해서 비행하는 게 불가능할 거라고 생각하고 있었다. 그런데 이게 웬일인가, 승강계 소리가 높아지기 시작한 것이다. **'오오아아이이이이이!!!'** 승강계가 노래를 부르고 있었다. 내가 정말 올라가고 있었던 것이다! 열기류 속에서!

하지만 몇 초 지나지 않아 나는 다시 하강하고 있었다. **'이이이아아아오오오오오오오'** 새처럼 회전하는 걸 깜박한 나는 열기류를 그냥 통과해 버렸던 것이다. 그래도 좋았다. '별거 아니군.'('별거 아니군'이라는 말은 절대 성급하게 쓰면 안 된다. 그리스인들은 성급함을 '운명을 시험하는 짓'이라고 했다는데, 나에게 성급함은 '경솔한 자신감'과 같은 의미였다.)

경솔한 자신감에 들뜬 나는 벌써 라스와 마이크에게 떠벌릴 이야기를 만들고 있었다. 해질 무렵까지 열기류 사이를 얼마나 종횡무진 누비고 다녔는지를.

저만치에서 새들이 회전하고 있는 모습이 보였다. 회전하는 새들! 라스의 열기류 비행 요점 정리 4번. 나는 새들 쪽으로 이동했다. 늠름한 솔개 네 마리가 보이지 않는 아이스링크를 도는 건장한 올림픽 스케이트 선수들처럼 내 밑에서 회전하고 있었다. 솔개들은 나를 보고도 열기류를 떠나지 않았다. 내가 자기들 영역을 침입해도 전혀 아랑곳하지 않았다. 새들도 벌써 나를 간파했을까. 날개도 없이 어설프게 침대 시트로 날아 보겠다고 버둥거리는, 마지막 열기류를 잡아 보겠다고 기를 쓰지만 놓칠 게 뻔해 보이는, 나란 인간을 말이다. 그때 갑자기 하네스가 흔들리더니 한쪽 날개 끝이 상승기류에 닿았다. 승강계에서 삐익 소리가 났다. 급히 방향을 바꾸자 어느새 나는 회전하고 있었다. 신이 난 나는 회전하면서도 웃음이 나왔다. '**오오이이이이이이이이이이이이이이이이이이이**' 높아지는 승강계 소리와 함께 나도 위로, 위로, 자꾸만 올라갔다. 순식간에 새들은 멀어져 갔고 바둑판 같은 마을과 들판도 점점 아득해졌다.

뜨거운 공기는 올라가면서 식으니까 구름 끝에 다다르면 멈추게 될 거라고 라스가 분명히 말했는데, 그게 아닌가? 내 기억엔 분명히 그렇게 말했는데……. 그러나 어찌된 일인지 공기가 옅은 안개로 바뀌어도 멈추기는커녕 속도조차 줄지 않았다. 아니, 실제로는 더 빠른 속도로 올라가고 있었다. 승강계는 이제 정신없이 울려댔다. 날개를 평평하게 해 봐도 성난 승강계는 계속 울리고 나는 여전히 상승 중이었다. 옅은 안개는 순식간에 짙은 안개로 바뀌었다.

승강계

승강계는 이제 미친 듯이 울부짖었다. **'이이이이이이이이이이.'** 반대로 내 뱃속의 내장들은 쑤욱 쓸려 내려가는 느낌이었다(**이이이이이이이오오오오오오오오오오오**).

구름 속에 완전히 갇혔을 때에야 비로소 나는 상황을 파악할 수 있었다. 그것은 소위 말하는 '구름 빨아들임Cloud Suck', 즉 적운과 적란운을 착각했을 때 겪는 현상이었다. 이름이 비슷해서 그게 그거일 것 같지만 절대 그렇지 않다. '적(積)'은 쌓는다는 뜻이고 '란(亂)'은 어지럽다는 뜻이다. 적운은 그냥 쌓인 구름이지만, 적란운은 시커멓게 우뚝 솟은 모루 모양으로, 폭풍우를 동반한 구름이다. 나는 번개구름 속에 들어갔던 것이다.

여기저기서 주워들은 말들이 떠올랐다. 시야가 깜깜해지고 비가

우뚝 솟은 적란운

오고 우박이 떨어지고 사방에서 번개가 치겠지. 나는 의식을 잃겠지. 날개가 멈추고 나는 튕겨 나가 죽고 말겠지. 아니면 날개가 갈가리 찢기겠지. 그래도 죽는 건 마찬가지일 거야. 패러글라이딩 유럽 챔피언 에바 비스니에르스카는 1만여 미터 상공에서 구름 빨아들임을 겪었다고 한다. 그 정도면 제트기가 날아다니는 높이다. 그녀는 산소 부족으로 순간 정신을 잃었지만 다행히 하강 도중 의식을 회복해서 겨우 살 수 있었다.

이제 구름이 폭풍우를 몰고 오는 건 시간문제였다. 다른 생각을 할 여유가 없었다. 게다가 나는 판단이 빠른 사람도 아니었다. 그냥 닥치는 대로 해 볼 도리밖에 없었다. 나는 귀접기Big Ears를 시도

했다. 귀접기는 예전에도 많이 해 본 기본적인 기술로, 패러글라이더 날개의 양 끝을 안으로 접어서 표면적을 줄이는 방법이었다. 봄에 캘리포니아에서 패러글라이딩을 하다가 강한 기류를 만났을 때 하강하기 위해 시도했던 귀접기는 언제나 성공이었다. 그러나 지금은 단순히 강한 기류 정도가 아니었다. 이건 구름 빨아들임이었다. 나는 필사적으로 귀접기를 시도했다. 날개 끝만 접은 게 아니라 패러글라이더가 거의 우산 크기가 될 만큼, 죽을힘을 다해 작게 만들었다.

그렇지만 아무 소용이 없었다. 승강계는 계속 비명을 내지르고 있었다. **'이이이이이이이이이이이이이이이이.'** 나는 계속 위로 올라가고만 있었다. 시야는 어두워지기 시작했다.

다른 두 가지 방법을 더 시도해 보고 싶었지만 한 가지도 제대로 시도해 볼 시간이 없었다. 하나를 시도했다가 실패하면 다른 걸 시도하기엔 이미 늦어 버린다. 이미 번개구름 속 깊이 박혀 있을 테니 말이다. 둘 중 하나를 골라 해 보는 수밖에 없었다. 하나는 나선 강하spiral drive. 엄청난 관성력을 수반하면서 지상으로 급회전하여 내려오는 기술이다. 다른 하나는 감속stall. 날개를 접어서 그 모양을 뚤뚤 말은 침대 시트처럼 만드는 것이다. 그렇게 하면 더 이상 날아가지 않고 돌멩이 떨어지듯이 그냥 떨어질 터였다. 끔찍하긴 하지만 당시에는 그 방법이 먹힐 것도 같았다.

나선 강하보다는 감속이 효과적일 듯했다. 하지만 결코 좋아할 수 없는 기술이었다. 극단적인 방법이기도 했고 자칫하면 낙하산이 펴지지 않는 문제가 발생할 수도 있기 때문이다. 그렇게 되면 그야말로 돌멩이가 되어 땅에 곤두박질치는 셈인데, 그것이야말로 최악이었다. 어떻게 해야 하나? 나선 강하냐, 감속이냐?

결국 성공 확률을 높이기 위해 나선 강하와 귀접기를 동시에 시도해 보기로 마음먹었다. 하나보다는 둘을 같이 시도하는 게 더 낫지 않을까?(위 질문에 대한 대답은 대체로 '아니오' 가 맞다.)

사실은 나도 답이 '아니오'임을 알고 있었다. 두 기술을 같이 쓰면 관성력 때문에 날개에서 줄이 뜯겨 나갈 수도 있었기 때문이다. 하지만 구름에 막 빨려 들어가는 상황에서 알게 뭐람. 에라, 모르겠다!('에라, 모르겠다'라는 이유로 어떤 일을 하면 안 된다.)

나는 전쟁터의 비행기처럼 회전 낙하하다가 폭풍우를 실은 구름 속에서 위로 치솟았다. 날개가 망가지지 않은

용감한 소녀들

1892년에 태어난 **베시 "퀸 베스" 콜먼**(Bessie "Queen Bess" Coleman)은 첫 흑인 여성 비행사다. 스물세 살의 베시는 미국의 비행 학교에서 흑인 여성이라는 이유로 입학을 거부하자, 비행사 자격 훈련을 위해 프랑스로 떠났다. 프랑스에서 돌아온 후 사람들은 그녀의 비행 실력과 곡예 비행에 매료되었고, 그녀의 에어쇼는 대중적으로 큰 인기를 얻게 되었다. 우주 비행사인 마에 제미선은 첫 우주 비행 때 퀸 베스의 사진을 가지고 갔다고 한다.

게 천만다행이었다. 나는 운 좋게 잘 들어맞은 두 기술을 천천히 멈추면서 균형을 잡았다. 휴우우우……. 길게 숨을 내쉬었다. 심장은 여전히 쿵쾅거렸다.

한참을 더 날아가는 동안 나는 마음을 가라앉혔다. 내 실수가 너무나 어처구니없었지만 한편으로는 아직 살아 있다는 사실이 믿어지지 않을 만큼 기뻤다. 이번 일로 배운 게 있을까? 새로운 시도를 해 보려다 거의 죽을 뻔했는데. 뭐, 죽지는 않았지만.

갑자기 한 가지 분명한 사실이 떠올랐다. 훌륭한 모험가라면 모험은 즐기되 절대로 무모한 도전은 하지 않는다는 사실! 훌륭한 모험가는 자신의 수준을 정확히 알고 과도한 목표를 설정하지 않는다. 어떤 사람이 6미터 절벽에서 물로 뛰어들 때 한 번 돌기 기술을 성공하고, 트램펄린 위에서 두 번 돌기를 성공했다면, 아마 그 절벽에서 두 번 돌기 기술까지 시도하고 싶어질 것이다. 하지만 그가 할 줄 아는 게 오로지 배치기 다이빙뿐이라면 절벽에서 두 번 돌기는 절대 꿈도 꾸지 말아야 한다. 무모함은 용감함과 다르다. 그건 그냥 어리석은 것이다. 나는 경험이 부족했던 탓에 구름 속에 빨려 들어가는 위기를 겪었다. 하지만 구름 속에서 빠져나올 만큼의 경험은 갖추고 있었다.

어쨌든 내가 겪은 일은 아무에게도 말하지 않으리라. 특히 라스에게는.

착륙 지점에서 만난 라스는 나에게 비행이 어땠는지 물었다. 나는 별거 아니었다는 듯 어깨를 으쓱하며 말했다. "아, 그게, 해 보니까 요령을 알겠더라고."

내 대답을 들은 라스는 신이 나서 말했다. "진짜 좋았지, 그치?" 그러고는 실눈을 뜨고 나에게 바싹 다가와 속삭이듯 말했다. "너를 겁주려는 건 아닌데 말이야. 어떤 녀석이 구름에 빨려 들어가는 걸 봤어. 적란운에 말이야. 용케 빠져나가긴 하더라." 그는 고개를 저으며 덧붙였다. "겁도 없는 녀석이지. 바보 같은 놈!"

생존 꿀팁

1. 마음 가라앉히기

긴장하거나 스트레스를 받으면 호흡이 얕아지고 빨라집니다. 이럴 때 마음을 진정시켜 주는 호흡법이 있어요. 바로 배를 이용해 숨을 쉬는 복식호흡이에요. 이 호흡은 혈액순환과 스트레스 해소에 도움을 줘요. 또 노래를 잘하기 위해서도 복식호흡이 필요하지요. 우리 함께 복식호흡을 배워 볼까요?

➡ 도전하기

① 편안한 자세로 앉는다.
② 배를 내밀고 코로 숨을 들이마시면서 넷을 센다.
③ 숨을 멈춘 상태로 다시 넷을 센다.
④ 배를 최대한 집어넣고 입으로 숨을 내쉬면서 넷을 센다.
⑤ 세 번을 반복한다.

생존 꿀팁

2. 구름 식별하기

공기가 상승해서 차가운 고도에 이르면 수증기가 액체로 변하고 구름이 만들어지는데 이 과정을 '응결condensation'이라고 해요. 구름은 모양과 고도에 따라 분류해요.

➡ 권운

높은 고도에 있는 권운은 얇고 성긴 구름이에요. 바람이 없는 갠 날에 볼 수 있죠. 하지만 권운이 점점 많아지면 날씨가 곧 변할 거라는 뜻이에요. 구름이 움직이는 방향을 잘 살피면 어느 쪽에서 날씨의 변화가 일어날지 알 수 있어요.

➡ 적운

맑은 날에는 뭉게뭉게 피어오른 솜사탕 모양의 적운이 듬성듬성 떠 있는 걸 볼 수 있어요. 하지만 적운이 계속 발달하면 '소나기구름'이라고도 불리는 무시무시한 적란운으로 바뀌죠. 이때는 우비를 꺼내 입을 준비를 해야겠죠? 아, 혹시 패러글라이딩을 하는 중이라면 멀찌감치 피해야 해요.

➡ 층운

층운은 하늘을 온통 뒤덮은 회색의 흐린 구름이지만 여간해서는 비를 뿌리진 않아요. 하지만 이 구름이 어두운 난층운으로 바뀌면 지속적인 비나 눈이 내릴 걸 대비해야 해요.

➡ 몽운

영어 표현 중에 'having one's head in the clouds'라는 말이 있는데, 이 말은 '몽상에 빠져 있다/집중하지 않고 있다'라는 뜻이에요. 몽운은 내가 만들어낸 구름 이름이에요. 내가 적란운으로 들어갈 때 내 머릿속은 바로 이 구름 속에 있었거든요.

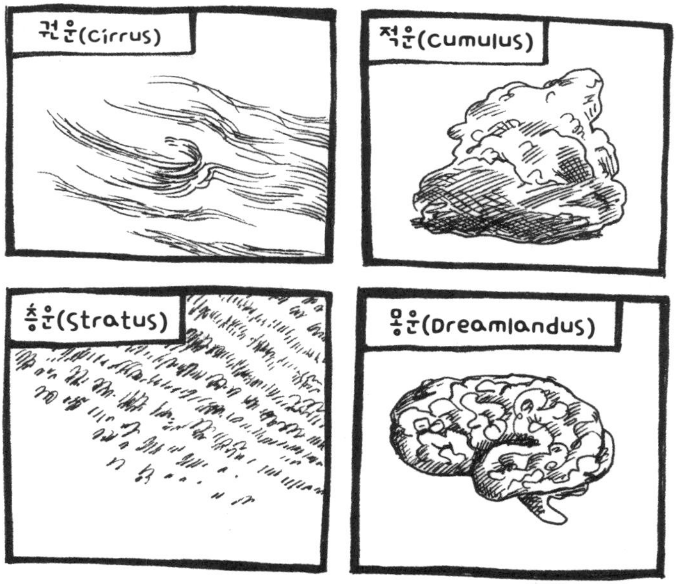

모험일지

여러분이 존경하는 인물 네 명을 적어 보세요. 그리고 각 인물의 어떤 점이 존경스러운지도 함께 적어 보세요. 그들의 유머? 환상적인 요리 실력? 놀라운 강속구? 친절한 마음씨? 넘치는 활력? 그런 존경할 만한 점들을 어떻게 내 인생에 적용할 수 있을지 생각해 보세요. 그리고 누군가의 조언이 필요할 때나 누군가로부터의 자극이 필요할 때 여러분이 적은 리스트를 펼쳐 보세요. 누구나 가끔은 비범한 인물로부터 영감을 얻고 싶을 때가 있으니까요.

모험  가방 챙기기

체크리스트

- [ ] **거울** 신호 보내기 용도. 신호 보내기는 쉽지 않음. 연습이 필요함. 그 인간이 아무리 싫어도 타인의 눈에 대고 똑바로 햇빛을 쏘면 안 됨.
- [ ] **호루라기** 누가 뭐래도 고함 소리는 호루라기 소리를 못 당함.
- [ ] **투명 비닐봉투(대형 5개)** 한 개는 비상시 우비 대용. 한 개는 물 담는 용도(5장 생존 꿀팁 참조). 세 개는 방수포 용도로, 봉투를 큰 사각형으로 잘라 강력 테이프로 붙여 만듦.
- [ ] **낙하산 줄** 길지 않은 낙하산 끈을 여러 개 준비하면 방수 천막을 만들 때나 부목을 댈 때 등 여러 용도로 유용하게 쓸 수 있음.
- [ ] **칼** 칼은 늘 필요함.
- [ ] **라이터** 라이터 소지가 허용되는 나이라면 챙겨도 됨.
- [ ] **멀쩡한 정신과 침착한 태도** 눈에 보이는 장비는 아니지만 필요할 때 언제든 꺼내 쓸 수 있어야 함.

- **바셀린을 적신 탈지면(필름 통에 넣으면 됨)** 불에 잘 타므로 불을 피울 때 쓸 수 있음. 단 나이가 허용되는 사람만 챙길 것.

- **나침반** 길을 잃어도 나침반만 있다면 찾을 수 있음.

- **요오드** 정제 물을 정화하기 위한 용도. 마실 물은 항상 깨끗해야 하니까.

- **손전등** 말이 필요 없음.

- **강력 테이프** 가운데 심지는 제거해 버리고, 손전등 둘레에 감으면 짐을 줄일 수 있음. 부상 시 부목을 대거나 텐트나 옷이 찢어졌을 때 유용함. 심지어 머리를 올려 묶을 때도 쓸 수 있지만 이건 너무너무 절박할 때만 추천함.

- **지퍼락 주머니(대형)** 위 물건들을 다 담을 수 있는 크기로 준비할 것.

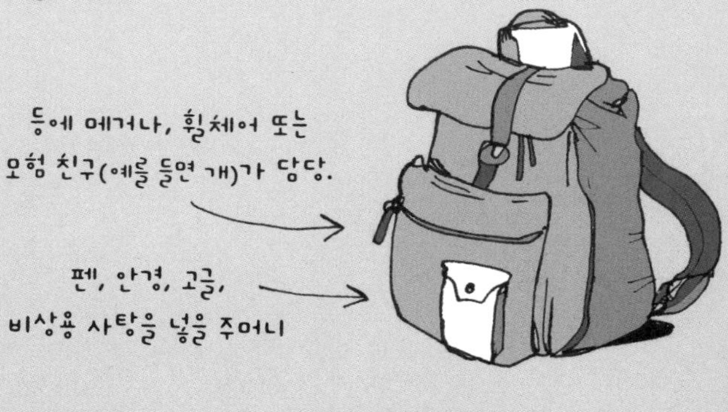

절대 포기하지 마세요. 변화는 바로 그 순간, 그곳에서 일어날 테니까요.

_해리엇 비처 스토Harriet Beecher Stowe, 작가, 인권운동가

내가 가장 좋아하는 일은 가 본 적 없는 곳으로 떠나는 거예요.

_다이앤 아버스Diane Arbus, 사진작가

새벽 두 시에 숲속에 쪼그리고 앉아서 오줌을 눌 때가 기억나요. 늑대 울음소리가 들리고… 영하 35도의 날씨에 엉덩이를 내놓고… 그렇게 볼일을 보는 건, 뭐랄까, 진짜 야생 그 자체죠.

_에이든 캠벨Aiden Campbell, 십 대의 소녀 모험가. 겨울에 북극에서 지내는 동안 화장실에 가야 하는 상황에 대해 질문 받았을 때.

5장

배반의 산 탈출기

배반의 산 탈출기

올라갈 때와 내려올 때

알래스카의 수많은 산 가운데 아주 특별한 산이 하나 있다. 알래스카 관광청에서는 이 산을 홍보할 때 압도적 아름다움과 북미 최고 높이를 내세우지만, 사실 이 산이 등반가들 사이에서까지 유명해진 이유는 바로 '날씨' 때문이다. 혹독한 눈보라나 강풍으로 사람들이 목숨을 잃기도 하는 이 산의 추위는 상상을 초월해서 영하 100도를 기록한 적도 있었다.

이 산의 이름은 디날리Denali다.

지금부터 내가 디날리산을 정복한 이야기를 할 거라고 기대한다면 그건 오해다. 내가 가끔 무모한 짓을 벌이긴 하지만 그 정도로 무모한 사람은 아니다. 혹독한 눈보라와 돌풍 수준의 바람, 뼛속까지 얼어붙게 만드는 추위에 맞서며 디날리산을 오르기엔 내 등반 실력이 어림없다는 사실을 나는 잘 알고 있었다. 하지만 그렇다고 해서 친구 에릭이 공원 관리인으로 일하는 디날리산에 한번 놀러 오라고 제안했을 때, 거절할 정도는 아니었다.

디날리산은 기대를 가차 없이 저버리는 배반의 산이다. 무시무시한 배반의 산 디날리. 그런데 때로는 이 '배반'이라는 말이 위협을 주기보다 오히려 흥미를 끌기도 하는 법이다.

나는 친구 트리시와 함께 6인용 소형 비행기를 타고 디날리산으로 출발했다. 비행기에서 고약한 냄새가 하도 진동하기에 한 달쯤 안 씻은 사람들이 옆에 탔나 싶은 생각마저 들었다. 그런데 내 생각이 맞았다. 실제로 그 비행기에 같이 탄 사람들은 한 달 동안 안 씻은 산악등반가들이었던 것이다.

비행기는 눈 쌓인 활주로에 착륙했다. 해발 2,500미터 높이에 임시로 만들어 놓은 활주로였다. 임시 활주로 옆에는 대충 지어 놓은 마을이 있었다. 마을 한가운데에는 철근과 나무 기둥에 방수포를 덮어씌워 만든 임시 가옥 하나가 있었는데, 이곳이 작은 병원과 안내소 역할을 겸하고 있었다(운이 좋으면 여기서 코코아도 얻어 마실 수 있다). 주위에는 세계 여러 나라의 텐트가 즐비했다. 베이스캠프라 불리는 그곳은 산 정상에 오르려는 등반가들이 산행을 시작하는 곳이었다. 에릭은 거기서 관리인으로 일하고 있었다. 나와 트리시는 베이스캠프에 텐트를 칠 계획이었기에 특별히 위험한 일은 생길 것 같지 않았다. 우리는 에릭의 자잘한 일들을 도와주면서 지내다가 날을 잡아서 반나절 동안 스키를 탈 계획이었다.

디날리산은 역시 굉장했다. 보이는 것마다 굉장하지 않은 게 없었다. 심지어 화장실마저도 굉장했다. 눈 더미에 가린 화장실에 앉으면 등받이 높은 왕의 의자에 앉은 기분이었다. 거기서는 디날리산의 장엄한 산봉우리와 광활한 빙하 평원, 이따금씩 일어나는 산사태까지 훤히 볼 수 있었다. 화장실과도 사랑에 빠질 수가 있다면, 내가 사랑한 화장실은 분명 그곳이었다. 눈앞에 펼쳐지는 장관에 압도되어 한참이나 넋을 잃고 바라보다 보면, 내가 화장실에 온 이유마저도 잊게 만드는 그런 곳이었다.

도착하고 며칠이 지나자 일기예보에서는 예상과 달리 당분간 맑고 쾌청한 날씨일 거라고 했다. 엥? 그렇다면 혹독한 눈보라는 언제 온다는 거지? 강풍은? 뼛속까지 얼어붙게 만든다는 그 유명한 추위는? 그런 날씨가 없는 디날리산이라니 갑자기

용감한 소녀들

크리나 "코코" 포페스쿠(Crina "Coco" Popescu)는 열한 살에 알프스에 올랐고 열두 살에는 네팔의 칼라파타르에 올랐다. 열세 살엔 이란의 알람 쿠르를 등반했다. 이 루마니아 출신의 십대 소녀는 지금까지 에베레스트, 아콩카과, 디날리 등 세계 최고 산들의 정상에 올랐다.

시들해 보였다.

흡사 커다란 호랑이가 나타나 한숨을 쉬면서 "나는 잠시 동안 새끼 고양이로 둔갑할게."라고 말하는 것과 비슷하다고나 할까. 배를 간질이고 콧등을 두드려 주면서 장난이나 치는 것 외에 그 깜찍한 새끼 고양이와 할 수 있는 게 뭐란 말인가. 결국 우리는 베이스캠프에만 머무르기로 한 원래 계획을 바꾸기로 했다. 고민 끝에 우리는 이틀 일정으로 해발 4,300미터인 그다음 캠프까지 올라가 보기로 했다. "딱히 잘못될 게 뭐 있겠어?" 하고 서로에게 물어보긴 했지만 사실 우리는 확신하고 있었다. 날씨가 그렇게 맑다는데 사고가 생길 리 없다고.

하지만 내가 겪은 일들을 앞에서 이미 읽은 독자라면 일이 잘못될 가능성이 매우 크다는 사실을 벌써 눈치 챘을 거다. 호랑이가 새끼 고양이로 둔갑했어도 무지무지 굶주린 새끼 고양이일 수 있음을 잊지 말았어야 했다.

스키를 타고 이동한 처음 몇 시간은 식은 죽 먹기였다. 에릭이 50킬로그램에 육박하는 썰매에 우리 장비를 싣고 와 줘서 일은 한결 쉬웠다. 슬로프도 완만했고, 예보된 대로 날씨도 좋았다. 그런데 내가 크레바스crevasse에 대해 말한 적이 있던가? 그랬다. 거기엔 수많은 크레바스가 있었다.

크레바스는 빙하나 얼음 층에 갈라진 틈을 가리키는데, 얕은 것도 있지만 수십 미터에서 수백 미터에 이르는 것도 있다. 길고 튼튼한 산악용 로프로 우리 셋을 같이 묶은 건 그런 이유 때문이었다. 혹시라도 우리 셋 중 한 명이 크레바스로 떨어지면 다른 두 명이 구할 수 있도록 하기 위해서 말이다. 크레바스로 떨어진 친구가 의식을 잃거나 부상을 입기라도 하면 다른 두 명이 그 로프로 떨어진 친구를 끌어 올려야 할 테니까.

사실 끌어 올리는 그 과정을 제대로 설명하자면 온갖 복잡한 수학 공식과 물리학 공식을 동원해야 하기 때문에 너무 지루한 설명이 될 듯하니 여기서는 그냥 지렛대 원리로 로프와 말뚝을 이용한다고만 말해 두기로 하자. 어쨌든 나는 이 과정을 '끌어 올리기 기술', '위로 당기기 기술' 또는 '고맙습니다 기술'(크레바스에서 빠져나온 산악인들이 제일 먼저 하는 말에서 따온 것)이라고 부르곤 했다.

우리는 크레바스에서 동료를 구출하는 방법을 바로 전날에야 연습했다. 에릭과 트리시는 위에서 구출해 주는 역할을, 나는 크레바스에 떨어져 매달려 있는 역할을 맡았다. 내 주변으로는 빙하의 푸른 벽이 유령의 집 거울처럼 일렁이고, 대롱거리는 발밑으로 점점 좁아지는 크레바스는 끝이 보이질 않았다. 수백 미터에 이르는 그 무시무시한 크레바스에 떨어진다면 목숨이 분명 위태로울 터, 그래서 나는 내 장비들이 안전하다는 걸 알면서도 카라비너

carabiner(암벽 등반에 쓰는 도구로서, 암벽에 등산용 못을 박고 거기에 로프를 연결하는 고리-옮긴이)도 다시 살펴보고 로프도 닳지는 않았는지 여러 번 점검했다. 흥분과 두려움을 동시에 느꼈다.

오늘 자세히 보니 크레바스는 도처에 있었다. 여름 내내 날씨는 비정상적으로 더웠고 올라간 온도 탓에 눈이 녹으면서 얼음 사이로 갈라진 틈이 여기저기 드러나 있었다. 우리는 처음에는 겁을 잔뜩 먹었지만 차츰 마음이 진정되었다. 크레바스는 대체로 폭이 좁아서 건너뛸 만했고 그렇지 않은 경우엔 경로를 바꾸어 가면 그만이었기 때문이다. 얼마 지나지 않아 우리는 크레바스가 나타나도 눈 하나 깜짝하지 않게 되었다. 크레바스가 여기도 있군. 별거 아니잖아.

에릭은 몇 번이나 가던 길을 멈추고 뒤를 돌아보며 "크레바스!" 하고 소리쳤다. 그는 트리시보다 8미터쯤 앞서 있었고 트리시는 나보다 또 8미터쯤 앞서 있었다(로프 사이의 간격을 일정하게 유지하는 게 중요했다). 에릭이 이번에는 좀 더 오래 생각하는가 싶더니, "이번엔 건너뛸게!" 하고 외쳤다.

크레바스를 건너뛰자는 에릭의 판단은 무리한 결정이 아니었다. 몇 시간이나 스키를 타고 온 우리에게 크레바스 건너뛰기는 이제 일도 아니었다. 게다가 우리는 지칠 대로 지쳐 있었다. 에릭은 스키를 벗더니 스키 폴, 배낭 등을 차례로 크레바스 저편으로 던졌다. 그리고 썰매에 묶어 놓은 로프를 느슨하게 했다. 그러고는 몇

발짝 뒤로 물러났다가 손을 흔들면서 앞으로 달려 나가 공중으로 몸을 날렸다. 팔랑개비처럼 돌아가는 팔과 씽 하고 날아가는 다리만 보면 마치 협곡을 뛰어넘는 만화 주인공 같았다.

그런데 진짜 협곡을 뛰어넘는 만화 주인공처럼, 그는 사라져 버렸다! 나는 에릭의 발꿈치가 눈에서 미끄러질 때 부서지는 눈가루를 보면서도 그것이 무엇을 의미하는지 얼른 깨닫지 못했다. 트리시가 바닥으로 홱 거꾸러지고 나서야 비로소 에릭이 크레바스에 떨어졌다는 걸 깨달았다. 바로 이어서 로프가 팽팽해진다 싶더니 나도 바닥에 홱 거꾸러졌다.

우리는 크레바스 쪽으로 점점 미끄러졌다. 쨍! 나는 급히 자기제동self-arrest을 시도했다. 자기제동은 주로 얼음도끼를 이용해 앞이나 뒤로 미끄러지는 것을 막는 기술이다.

아무 소리도 들리지 않았다. 오직 몸속에 아드레날린 돌아다니는 소리만 들리는 듯했다. 내 머릿속은 순식간에 벌어진 일들을 연결 짓기 바빴다. 에릭은 크레바스에 떨어졌다, 트리시와 나는 눈위에 엎어져 있다, 얼음도끼가 마지막 희망이다…….

트리시와 내가 서로를 불렀다. 괜찮아? 괜찮아!

이번에는 에릭을 불렀다. 대답이 없었다.

설마 죽은 건가? 의식을 잃었나? 알 수 없었다. 그렇다고 중력은 물론 100킬로그램이 훨씬 넘는 무게가 우리를 끌어 내리는 그 상황에서 그대로 엎어져 있을 수만은 없었다. 50킬로그램에 육박하는 썰매 때문에 에릭은 이미 숨이 끊어졌을 수도 있고 아직 살아있다 해도 곧 저체온증으로 죽을 수도 있었다. 일단 에릭의 몸에서 열이 빠져나가기 시작하면 한시도 지체할 틈이 없다. 당장 뭐라도 해야 했다. '고맙습니다 기술'이 필요했다. 나는 허겁지겁 등에 지고 왔던 말뚝을 찾아내어 악마의 심장에 비수를 꽂듯이 사납게 눈 속에 내리꽂았다.

그 말뚝이 '고맙습니다 기술'에서 핵심적 역할을 해줄 앵커anchor(단단히 고정시켜 놓은 확보물-옮긴이)인 셈이었다. 트리시와 나의 무게는 물론 에릭과 썰매 무게까지 지탱해야 했기에 나는 눈 깊숙이 앵커를 박아 넣었다. 그리고 그 끝에 로프를 묶고 그 위를 눈으로 덮었다. 앵커를

용감한 소녀들

"진저 로저스는 자신의 유명한 댄스 파트너였던 프레드 아스테어가 하는 건 똑같이 다 했다. 다만 하이힐을 신고 뒤에서 했다는 것만 다를 뿐." 이 말은 수많은 여성 모험가에게도 적용된다. 남자들과 똑같이 강을 건너고 산을 오르고 거친 땅을 지나면서도, 여성들은 코르셋을 입고 커다란 모자를 쓰고 발목까지 내려오는 드레스를 입고 굽 높은 부츠를 신고, 말을 탈 때는 여성용 곁안장에 앉아 두 발을 한쪽으로 모아야 했다. 1895년 **패니 워크맨(Fanny Workman)**이 남편과 함께 스페인을 가로질러 4,500킬로미터를 자전거를 타고 갔을 때 그녀는 치마를 입고 있었다. 그녀는 자전거를 타고 인디아를 거쳐 북아프리카를 가로지르기도 했다. 1898년, 패니는 산악 등반에 매료되었다. 여전히 멋진 모자와 치마 차림으로 그녀는 히말라야의 최고봉들을 두루 등반했다.

고정하고 나서 혹시나 싶어서 로프를 잡아당겨 보았더니 아니나 다를까, 실패였다. 앵커가 질퍽한 눈에서 쑥 빠져 버렸다.

"으으으으으으아아아아아아아아!" 나도 모르게 비명이 나왔다.

그토록 안전하다고 믿었던 날씨 때문에 상황은 더 안 좋게 돌아갔다. 따뜻한 날씨 덕분에 모든 일이 잘 풀릴 거라고 기대했건만, 바로 그 따뜻한 날씨 때문에 크레바스는 더 심각해지고 눈은 점점 질퍽해졌다. 잠시 동안 상냥한 새끼 고양이였던 디날리산은 이제 사나운 호랑이의 본성을 드러내고 있었다. 그걸 잊은 건 누가 뭐래도 우리 실수였다.

새 앵커를 만들어야 했다. 나는 가지고 간 말뚝 네 개를 모두 잡아 쥐고 한꺼번에 눈 속 깊이 내리꽂았다. 만족스러울 만큼은 아니었지만 이번에는 로프를 잡아당겼을 때 앵커가 버텨 주었다. 나는 내 하네스에 매달았던 짐들을 말뚝으로 옮기기 시작했다.

갑자기 눈물방울이 얼굴로 떨어지는 게 느껴졌다. 근데, 잠깐만, 나는 운 적이 없는데, 뭐지? 하늘을 올려다보았다. 맙소사! 빗방울이 떨어지고 있었다. 비라니! 여기는 한여름에도 눈보라가 몰아친다는 디날리산인데? 그런데 어떻게 비가?

내 주변 눈도 녹기 시작했다. 안 돼! 뼈다귀를 찾아 땅을 파는 강아지마냥 나는 손발로 정신없이 말뚝을 파냈다. 눈가루가 마구 튀었다. 나는 구멍을 더 깊이 파서 말뚝을 박아 넣고 다시 로프로 묶은 다음 그 위를 눈으로 덮었다. 그렇게 새 앵커를 만들고 나머지 일을 서둘렀다.

나는 트리시에게 소리쳤다. 앵커는 만들었으니 무게를 지탱할 준비는 되었다. 지렛대 원리를 이용해 에릭을 끌어 올릴 준비가 된 셈이다. 이제 트리시가 카라비너를 풀 일만 남았다.

그런데 트리시의 카라비너가 풀리지 않았다. 두 방향에서 각각 그녀를 끌어당기는 상황에서 카라비너에 가해지는 압력이 어마어마했기 때문이다. 비틀어 보고 긁어 보고 더운 숨을 불어 보기도 했지만 소용이 없었다. 카라비너는 풀리지 않았다.

"못 풀겠어!" 그녀가 소리쳤다.

내 심장은 벌떡이기 시작했다. 따뜻한 날씨에 내리는 비는 눈만 녹이는 것이 아니라 시시각각 에릭을 적시고 있을 터였다. 저체온증! 나는 숨이 가빠지고 머릿속이 텅 비는 것 같았다. 나는 간신히 외쳤다.

"칼로 하네스를 끊어 버려!"

돌이켜 생각하면 좋은 판단은 아니었다. 하네스는 결코 풀면 안 될뿐더러 로프에 칼을 대는 일 또한 위험하기 때문이다. 까딱 잘못하면 로프의 엉뚱한 곳을 끊어 버릴 수도 있다. 하지만 그때는 다른 생각이 전혀 안 났고 오로지 뭐라도 시도해야 한다는 생각뿐이었다. 바로 그때 트리시가 소리쳤다.

"칼이 없어!"

칼이 없다니? 이런 험준한 곳에 오면서 칼이 없다니? 황당했다. 칼은 언제라도 쓸 수 있도록 날카롭게 갈아서 몸에 지녀야 하는 게 상식 아닌가. 나는 화가 치밀어 올랐지만 꾹 참고 말했다. "내 칼을 너한테 던질게."

이제 황당하고 화가 날 사람은 트리시였다. 트리시는 전국 최고의 원반던지기 팀 선수로, 던지기 전문가였다. 그런 그녀였기에 내 던지기 실력이 얼마나 엉망인지도 물론 잘 알았다. 트리시가 나에게 원반던지기를 가르쳐 주려고 몇 번 시도했지만 그때마다 나는 엉망진창이었다. 원반은 제멋대로 날아서 한쪽 방향으로만 가거나 나한테 되돌아와서 땅바닥에 꽂혔다. 심지어는 내 뒤로 사라져 버린 적도 있었다.

그래도 칼과 원반은 다르지 않은가. 게다가 나는 영화 주인공들이 정확하게 칼을 던져 위기에 빠진 사람을 구하는 장면도 숱하게 보아 온 사람이다.

칼을 꺼낸 나는 속으로 가만히 중얼거렸다. '제발 영화 주인공처럼…….' 숨을 깊게 들이마시며 팔을 들어 올렸다가 내쉬는 숨에 칼을 던졌다. 칼은 5미터쯤 날아가 멈췄다. "으으으이이이구구구." 나는 황당하고 화가 나서 소리를 질렀다.

"으으으이이이구구구." 트리시도 똑같이 소리를 질렀다. 역시 영화와 현실은 달랐다. 현실에서의 나는 원반이고 칼이고 간에 아무것도 제대로 못 던지는 어설픈 인간이었다.

트리시는 카라비너를 풀기 위한 노력을 계속했다. 게처럼 기어 보기도 하고 몸을 돌려 보기도 하고 잡아당겨 보기도 했다. 눈가루가 날렸다. 그렇게 온갖 시도를 하던 트리시의 들뜬 외침이 들렸다. "드디어 풀었어!" 트리시는 스키를 벗고 다시 로프를 묶은 다음 일어나서 내 쪽으로 걸어왔다.

불행은 겹쳐서 온다고들 하지만 이미 우리는 크레바스에도 떨어지고 비까지 오고 칼도 빗나갔으니, 불행도 올 만큼 온 셈이다 싶었다. 이제 행운이 올 때가 되지 않았을까? 하지만 불행은 계속 이어졌다.

트리시가 내 쪽으로 걸음을 옮기는 걸 분명히 봤는데 갑자기 그녀의 다리가 눈 속으로 사라져 버렸다. 가슴께도 사라져 버렸다. 이어서 그녀의 팔이 갑자기 튀어나오더니 더 이상 움직임이 없었다. 창백한 얼굴, 크게 뜬 눈, 정지 동작으로 버티고 있는 그녀는 마치 올림픽 체조 선수 같았다. 이윽고 트리시는 혼신의 힘을 다해 눈 속에서 다리를 끌어 올렸다. 옆쪽으로 몸을 피한 그녀는 큰대자로 뻗은 채 잠시 꼼짝도 하지 않았다.

"바닥에 눈이 불안정해." 트리시가 외쳤다. "겨우 뚫고 나왔어." 그녀는 깊게 숨을 들이마셨다. "캐럴라인, 내 밑에 크레바스가 있어!"

눈 속에 크레바스는 그저 길고 좁은 틈으로만 보일 뿐이다. 하지만 그 틈 아래에 무시무시한 동굴이 입을 벌리고 있을지도 모른다. 얼마나 큰 동굴인지 어디서 눈이 무너져 내릴지 알 길이 없었다. 체중을 최대한 분산시키며 나를 향해 기어 오는 트리시를 보면서 나는 생각했다. 불행이 더 이어질 수도 있을까? 혹시 나도 지금 살얼음 위에 서 있는 건 아닐까?

우리 셋이 다 떨어지면 내가 설치한 앵커가 우리 셋의 무게를 감당할 수 있을까? 안 될 것만 같았다. 하지만 그런 일은 상상조차 해선 안 될 상황이기에 나는 정신을 가다듬고 당장 해야 할 일에만 집중하기로 마음먹었다.

트리시와 나는 로프를 당기면서 '고맙습니다 기술'을 시작했다. 그러나 로프가 질퍽한 눈 속으로 파고드는 바람에 뜻대로 되질 않았다. 쉬지 않고 로프를 당겼지만 로프는 계속 아래로 내려가려고만 했다. 비로소 에릭과 썰매가 아주 조금씩 위로 올라오긴 했지만 속도가 문제였다. 너무 더뎠다.

그때 수평선 멀리 작은 점들이 보이기 시작했다. 우리 쪽을 향해서 꿈틀꿈틀 움직여 오던 그 작은 점들은 이내 사람 형상으로 바뀌었다. 하산 중인 등반대였다!

"등반대가 오고 있어!" 트리시가 기쁨에 차서 소리쳤다.

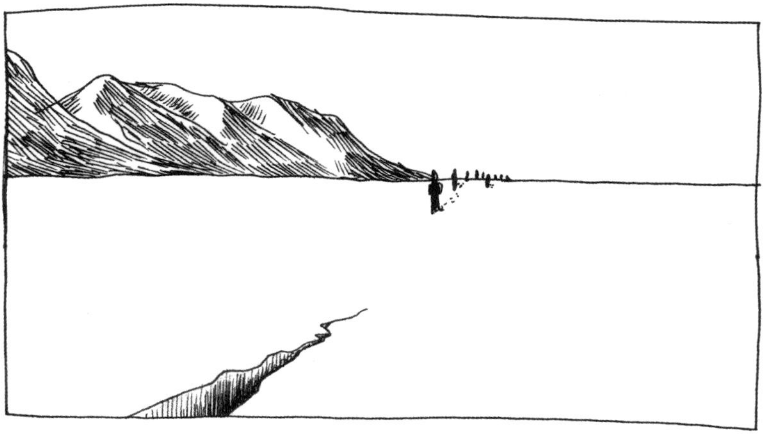

솔직히 말하자면 그때 나는 단순히 기쁘지만은 않았다. 험준한 산속에서 이런 위기를 자초한 건 바로 우리들이었다. 그렇다면 위기 극복도 우리 몫이어야 했다. 하지만 우리는 전문 산악인도 아니었고 스스로 위기를 극복할 역량도 없는 상황이었다. 때맞춰 도착한 사람들은 아마추어 산악인으로 구성된 대규모 등반대였다. 등반대 안내인 두 명이 크레바스까지 스키를 타고 우리에게 왔다.

우리는 그 위풍당당해 보이는 두 여성 산악인을 빤히 쳐다보고만 있었다. 영웅 역할을 맡은 그들은 우리를 한심하게 생각하는 것 같았다. '사고를 자초해 놓고 해결은 못하니?'라고 말하는 듯한 그들의 시선이 우리를 주눅 들게 했다. 안내인 중 한 명이 하품과 함께 단호한 고갯짓을 한 번 하더니 자기 등에서 로프를 풀었다. 이어서 그녀는 열 명 남짓한 등반 대원들에게 손으로 로프를 잡으라고 명령한 후 카라비너를 끼웠다.

이래도 되는 건가 싶었다. 질퍽한 눈에 앵커도 없이? '고맙습니다 기술'은 어쩌고? 등반 대원 열 명의 손아귀 힘만으로 해결이 된다고? 그러나 나는 어느새 방금 전 의심 따위는 잊은 채, 대원들이 꽉 붙잡고 있는 로프에 의지해 그 위풍당당한 안내인이 크레바스로 능숙하게 내려가는 모습을 간절한 마음으로 바라보고 있었다. 5분쯤 지나자 그녀는 로프를 타고 다시 올라왔다.

"살아 있네요." 무심한 그녀의 말투는 마치 '거기 버터 좀 줄래요?' 또는 '2 더하기 2는 4죠.'라고 말할 때와 다르지 않았다. 어쩌면 그런 말투는 그녀에게 당연한 건지도 모른다. 그녀처럼 산전수전 다 겪은 노련한 산악인이라면 숱한 위기를 경험했을 테고 사고 현장에서 생존을 확인하는 게 그리 특별한 일은 아니었으리라. "하지만 피가 많

용감한 소녀들

에이든 캠벨(Aidan Campbell)은 열다섯 살 때부터 아버지를 따라 북극에 가기 시작했다. 그렇게 1년 동안 계절이 바뀔 때마다 한 달씩 북극에서 지냈다. 에이든은 오두막 짓는 법이나 식량 찾는 법을 배우고 영하 50도의 겨울 추위도 견뎌냈다. 하이킹을 할 때는 회색곰을 만날 것을 대비해 페퍼 스프레이를 챙겨 다녔다. 가장 고역이었던 건 여름철에 모기떼와 싸워야 할 때였다. 에이든의 모험 중에는 브룩스 산지(Brooks Range)를 건넌 것과 카누를 타고 노를 저어 북극해를 건넌 것도 포함된다.

이 났어요. 얼른 처리합시다." 에릭의 몸에 묶은 로프를 당기라고 그녀가 대원들에게 명령했다. 여전히 '버터 좀 줄래요?' 말투였다.

에릭은 부상이 심했다. 젖은 몸은 차갑게 식었고, 썰매에 머리를 부딪치는 바람에 한동안 의식을 잃었다. 뇌진탕, 등뼈 골절, 그리고 머리에 입은 깊은 상처는 적어도 여든 바늘은 꿰매야 할 것 같았다. 시간이 지나자 에릭은 조금씩 몸을 움직이면서 여기가 어디인지 모르겠다는 듯 주위를 둘러보았다. 우리는 무전으로 헬리콥터를 호출했다. 대원들을 다시 불러 모은 안내인은 우리 쪽에 무심한 시선을 한 번 던진 후, 영화 속 영웅이 으레 그렇듯이 별다른 말없이 스키를 타고 떠났다.

이 혹독한 대가를 치르고 나는 무엇을 배웠나? 사고 지점에서 10미터 떨어진 곳에 크레바스를 건너기 위한 다리가 놓여 있었다는 사실을 우리는 나중에서야 알게 되었다. 우리가 얼마나 성급했고 부주의했으며 자만했는지를 깊이 반성하지 않을 수 없었다. 디날리산의 따뜻한 날씨란 자칫 좋은 날씨로 보이지만 실제로는 예측불가의 날씨를 의미하기도 한다는 것, 그리고 그 예측하기 어려운 날씨 때문에 언제든 위험에 빠질 수 있다는 것도 알게 되었다. 비록 우리 힘으로 직접 에릭을 구해 내진 못했지만, 에릭을 죽게 내버려 두지는 않았다. 심각한 부상을 입긴 했지만, 에릭처럼 강인한 친구라면 적절한 치료를 받고 정상 생활로 돌아올 수 있다는 사실도 알게 되었다. 불행 끝에 행운이 올 수도 있지만 불행 끝에 또 다른 불행이 올 수도 있다는 것도 알게 되었다. 비록 까칠한 영웅일지라도, 현실에서도 영웅이 존재한다는 걸 알게 되었다. '배반'이라는 말이 흥미롭게 들릴 수도 있겠지만, 그 속에 도사린 '위협'도 절대 간과해서는 안 된다는 사실과 함께.

생존 꿀팁

1. 체온 유지하기

체온을 유지하는 건 아주 중요해요. 체온이 떨어지면 저체온증 위험이 있거든요. 크레바스에 떨어졌던 에릭처럼요. 저체온증은 걷는 능력과 생각하는 능력을 손상시켜요.

➡ 도전하기

밖에서 추위 때문에 덜덜 떤 경험이 있나요? 그럴 때는 옷 안을 마른 잎과 작은 나뭇가지들, 이끼 뭉치로 채워 보세요! 몸이 따뜻해질 거예요. 그런 것들이 겨울 코트 안 보온 충전재처럼 공기층에 열을 가두는 역할을 하거든요 (실내에서 몸이 으슬으슬한 거라면 그냥 난방을 켜면 되겠지만요). 신문 뭉치나 책에서 찢은 종이 뭉치도 보온 효과가 있어요. 지도를 찢어도 되긴 하지만 지도 볼 일이 더는 없다고 확신할 때만 시도하세요. 마른 잎이나 이끼 뭉치가 소맷부리로 튀어나오면 아무래도 우스꽝스러워 보이긴 하겠죠? 그래도 안전이 최우선이랍니다.

생존 꿀팁

2. 해지기 전까지 남은 시간 예측하기

야외 탐험을 떠났는데 해가 지기 시작했어요. 어두워지기 전에 캠핑 준비를 마쳐야 하기 때문에 일몰까지 얼마나 시간이 남았는지 알아야 한다면 손가락을 이용해 보세요.

➡ 도전하기

두 팔을 앞으로 쭉 뻗어요. 양손을 손목 안쪽으로 구부려요. 손가락끼리 닿도록 하고 손바닥은 내 쪽을 보도록 해요. 자, 준비가 되었으면 한 손을 수평선에 맞추는데, 이때 엄지손가락은 손바닥 위에 내려요(시간을 잴 때 엄지손가락은 안 써요). 다른 한 손을 그 위에 올리고 엄지손가락은 접은 채 해에 닿도록 해 보세요. 손가락 하나가 15분에 해당해요. 만약 여덟 개의 손가락을 썼다면 해지기 전까지 두 시간이 남은 거예요.

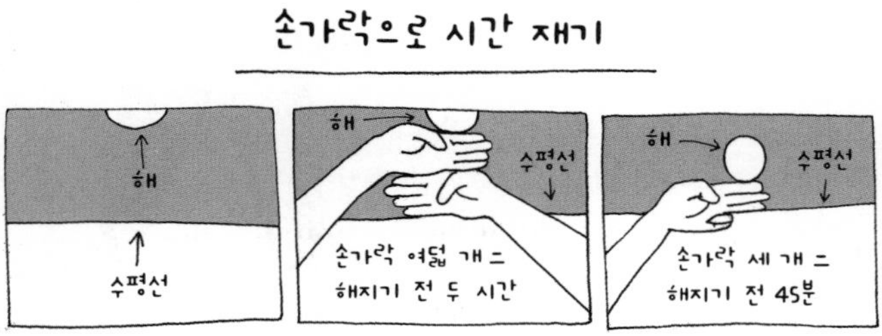

주의 : 손가락 크기는 사람마다 다를 수 있어요!

생존 꿀팁

3. 물을 찾아라!

스키 타기, 하이킹, 크레바스에서 친구 구출하기 등의 신체 활동을 할 때는 수분 공급이 필요해요. 하지만 마실 물을 쉽게 구할 수 없는 경우가 있죠(예를 들면 하이킹 할 때 물통을 까먹고 안 가져 왔다든지 할 때요). 야외에서 마실 물 얻는 방법을 알아 두세요.

➡ 도전하기

투명한 비닐봉지로 잎이 많은 나뭇가지나 덤불을 감싸요(독이 있는 식물은 안 됨!). 비닐봉지 끝을 나뭇가지에 묶어 최대한 밀봉하세요. 햇빛이 나뭇가지에 비칠 때 나뭇잎들은 수분을 배출해요. 이걸 증산작용이라고 해요. 비닐봉지 바닥에 물이 모이는 걸 볼 수 있을 거예요. 만약 적당한 나뭇가지가 없으면 초록색 나뭇잎이나 잔디를 한 움큼 비닐봉지 속에 넣어도 돼요.

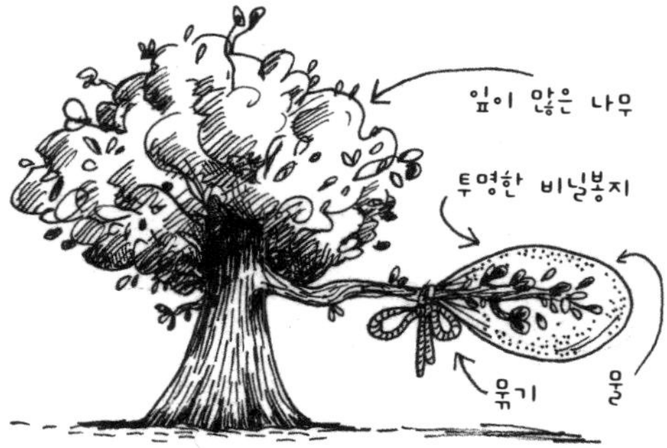

주의 : 검은 비닐봉지는 햇빛이 나뭇가지까지 뚫고 들어갈 수가 없어요.
투명 비닐봉지로 해야만 햇빛이 투과되고 광합성 과정을 거쳐 증산작용이 일어난답니다.

모험일지

어떤 모험을 하고 싶어요? 열기구 타기, 타잔 영화 출연하기, 나일강에서 래프팅하기, 망원경 제작하기, 항공모함 타기, 나무 위에서 야영하기, 달 탐사하기 등등 도전하고 싶은 모험 목록을 만들어 보세요. 불가능할 것 같은 모험도 좋아요.

배짱 측정기 TM ©

소녀들의 배짱을 측정하기 위한
도구로 개발됨

＊아직 식품의약품안전처의
승인은 못 받음

＊＊도전 욕구 또는 어지럼증을
유발할 수 있음

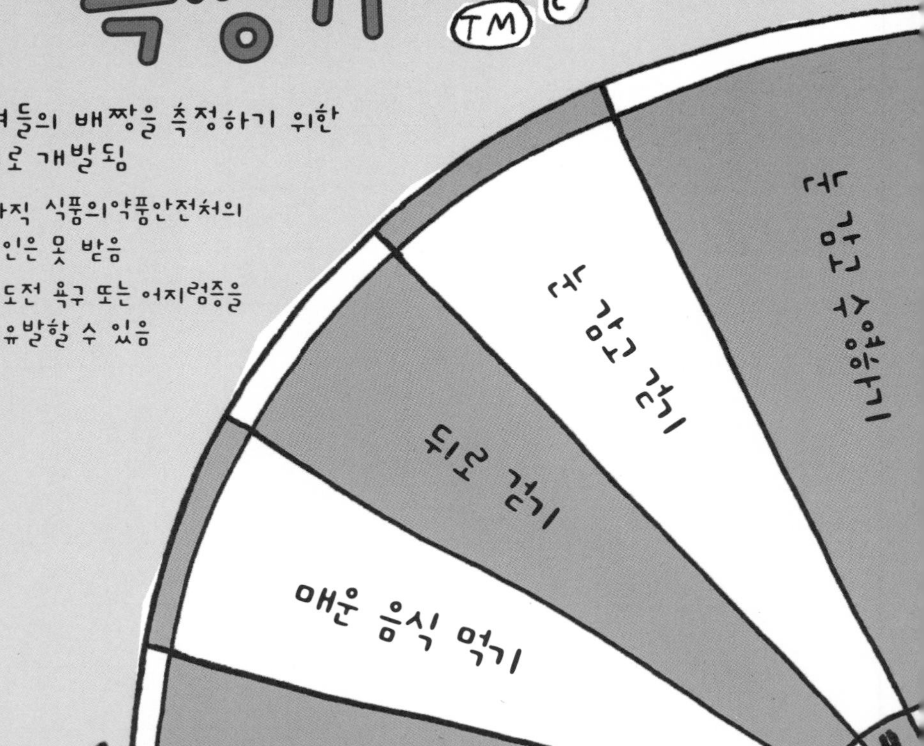

나의 배짱 등급은?

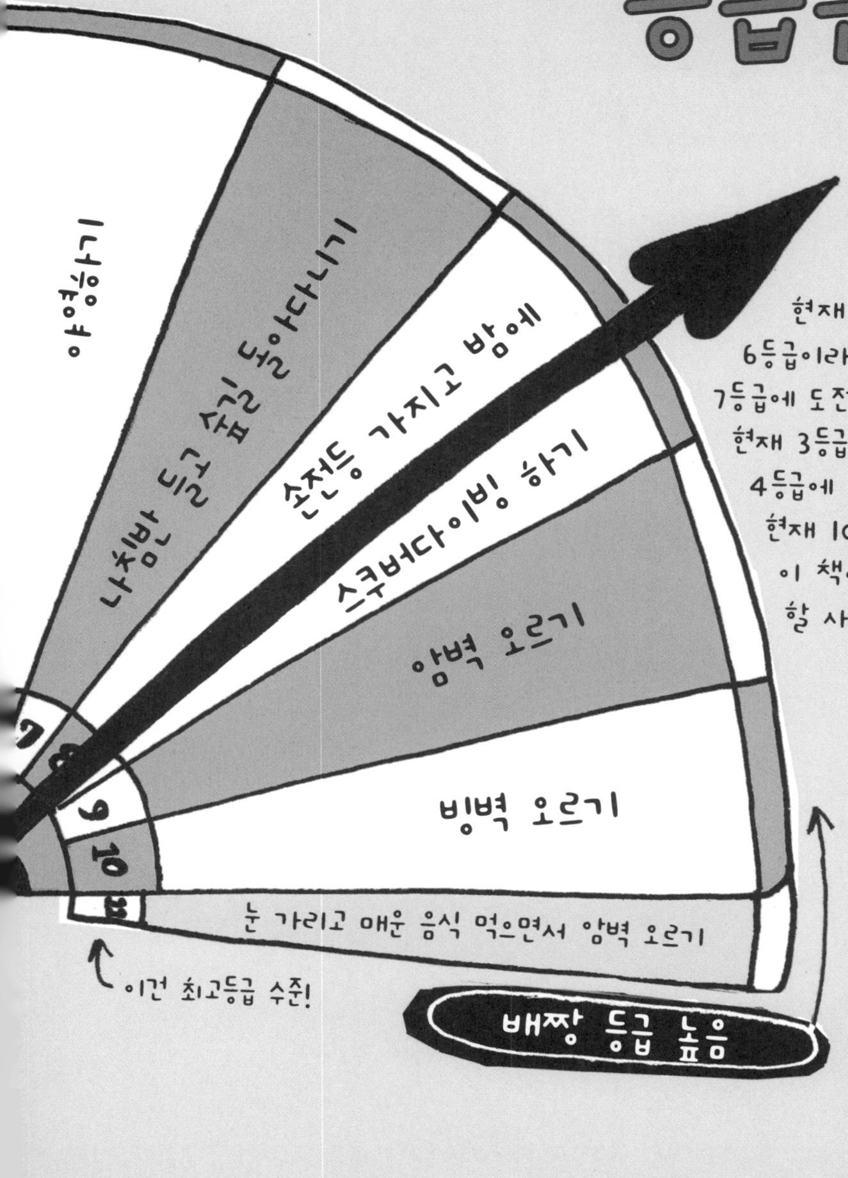

현재 6등급이라면 7등급에 도전하시오.
현재 3등급이라면 4등급에 도전하시오.
현재 10등급이라면, 이 책에 등장해야 할 사람임!

어릴 적부터 사람들이 내가 못할 거라고 하는 일에는 더 기를 쓰고 매달렸어요. 사람들이 내 능력을 의심할 때 오히려 투지가 살아나죠.

_키라 살락Kira Salak, 여행가, 모험가

이 소녀야말로 역사상 가장 뛰어난 선수예요.

_열두 살의 야구 신동 모네 데이비스가 2014 리틀리그 월드 시리즈에서 4대 0으로 완봉승을 거두는 것을 보고 마미 "피넛" 존슨Mamie "Peanut" Johnson이 한 말. 피넛 존슨은 여성 최초의 프로야구 투수이자, 1953-1956년 니그로 리그Negro League에서 뛰었던 세 명의 여성 중 한 명이다. 남성으로만 구성된 경쟁 팀을 상대로 거둔 33승 8패라는 대기록이 그녀의 실력을 말해 준다.

6장

올림픽 국가대표

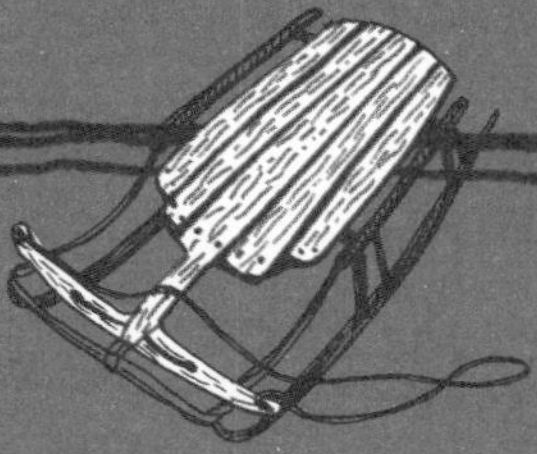

올림픽 국가대표

여자라서 왜?

학창 시절 나는 올림픽에 출전하고 싶어 안달이 나 있었다. 하지만 무슨 수로? 나는 키도 중간, 몸무게도 그냥 중간일 뿐인데. 높이뛰기도 별로이고 달리기 실력도 별로인데. 균형 감각도 그저 그렇고 손과 눈의 협응력도 진짜 아니올시다인데. 그렇다면 선수가 거의 없는 종목을 노리면 어떨까? 그러면 가능성이 있지 않을까?

그렇게 해서 나는 세상에 거의 알려지지 않았던 루지Luge(썰매를 타고 약 1,000미터의 얼음 코스를 활주하여 시간 기록을 겨루는 겨울 스포츠-옮긴이)의 세계로 들어서게 되었다.

어느 정도로 안 알려졌냐고? 당시에 루지를 연습할 수 있는 곳은 미국 전역을 통틀어 딱 한 군데뿐이었다. 레이크 플래시드 올림픽

트레이닝 센터. 미국 루지 팀 선수들은 대부분 레이크 플래시드 마을 출신이었다. 선수라고는 전국을 통틀어 여자 선수 몇 명이 전부였다. 그래 이거다! 루지야말로 딱 나를 위한 맞춤형 스포츠나 마찬가지였다.

루지는 식당 쟁반 같은 썰매를 타고서 언덕에서 미끄러지듯이 내려오면 되는 경기였다. 차이가 있다면 '썰매 타기'sledding라는 용어 대신 '활주'sliding라는 용어를 쓴다는 것, 언덕이 아닌 빙상 트랙에서 한다는 것, 식당 쟁반 대신 공기역학적으로 설계하고 탄소섬유로 만든 썰매를 탄다는 것, 장갑이나 모자나 코트를 껴입는 대신 몸에 착 달라붙는 폴리에스테르 원단의 선수복과 헬멧을 착용한다는 것 정도였다. 이런 몇몇 차이만 아니면 아무리 봐도 루지는 식당 쟁반을 타고 언덕에서 미끄러지는 것과 다르지 않아 보였다.

세계 각지의 선수들이 레이크 플래시드 루지 트랙에 모여 훈련을 했다. 그들은 매일 출발 장소에 모여 몸을 풀고, 새로운 친구들을 만나면서 자기 순서를 기다렸다. 물론 나도 그중 하나였다. 비록 그 쟁쟁한 선수들 틈에서 이리 치이고 저리 치이는 초짜에 불과했지만.

"로델른 반!" 지직거리는 스피커에서 이름이 호명되자 한 루지 선수가 출발선에 썰매를 놓았다. 이어서 독일어로 카운트다운이 시작되었다. 루지 경기와 관련된 용어들은 대부분 독일어였다. 스위스에서 최초로 시작된 스포츠이기 때문이다. 스위스에서는 프랑스어도 쓰고('루지'라는 이름도 프랑스어로 '썰매'라는 뜻), 이탈리아어, 로만슈어(스위스 동부에서 쓰는 언어-옮긴이)도 쓰지만 경기 용어로는 사용하지 않는다. 예외가 있다면 심하게 부딪힐 때 외치는 '맘마미아!' 정도?

카운트다운이 끝나자 선수가 앞으로 돌진했다. 루지 썰매에는 브레이크가 없지만 멈추는 방법은 여러 가지다. 근데 대부분 시도하고 싶지 않은 것들이다. 뒤집기, 옆길로 미끄러지기, 급선회나 벽에 충돌할 때 썰매에서 튀어나오기 등. 방향 조종은 다리로 썰매의 날을 눌러서 하는데, 머리나 어깨를 살짝 움직이는 것도 도움이 된다. 루지 속도는 시속 140킬로미터대에 달한다. 결승점을 통과한 후에는 얼음을 발로 세게 밟고 썰매 날을 손으로 세우면 눈가루와 얼음 조각이 마구 튀면서 마침내 정지한다.

루지 선수에게는 종종 '스피디', '총알' 같은 멋진 별명이 붙는다. 그런데 유감스럽게도 당시 내 별명은 '사고제조기'였다.

문제는 10번 커브였다. 이 코스는 코르크 병따개처럼 설계된 끔찍한 코스로, 마치 잼 샌드위치에 들러붙은 개미를 잽싸게 털어내듯이 루지 썰매를 옆으로 홱 돌려야만 하는 코스였다. 하지만 위험하고 어렵다고 해서 올림픽을 향한 내 꿈을 접을 수는 없었다.

돌이켜 생각하면 그때 꿈을 접는 게 어쩌면 더 나았을지도 모르

루지 트랙

겠다. 나는 늘 서커스 단원마냥 비틀고 돌고 뒤집히고 부딪혀서 어깨며 머리며 발을 처박곤 했으니까. 한번은 갈비뼈 부상으로 구급차에 실려 간 적도 있었다.

내가 루지를 시작하고 몇 주 후에 레이크 플래시드 올림픽 트레이닝 센터에서 전국 루지 대회가 열렸다. 무지하게 춥고 끔찍하게 바람이 부는 날이었다. 나는 '사고제조기'로 불리는 초짜였지만 당연히 대회에는 참가하기로 했다. 출전 선수는 총 열두 명이었다.

'좋았어! 꼴찌를 해도 국내 랭킹 12위인 셈이잖아!'

선수들이 차례로 경기를 치렀다. 결승점을 통과한 선수들은 방한복으로 갈아입고 삼삼오오 모여서 동료들의 경기를 지켜보고 있었다. 시간이 지날수록 추위와 바람은 더 심해졌고 선수 한 명은 안으로 들어가자며 징징거렸다. 바로 그때 장내 아나운서가 나를 호명했다. 그리고 "아직 들어가지 마! 사고제조기 차례야!"라는 누군가의 들뜬 목소리가 들렸다. 그러자 선수들은 추위와 바람 따위는 상관없다는 듯 일제히 10번 커브 주위로 모여들었다. 코르크 병따개 같은 그 끔찍한 10번 커브에서 내가 얼마나 터무니없이 망가지는지 직접 보고 싶었던 것이다.

역시나, 쾅!

나름대로 멋지게 부딪히긴 했다. 나는 썰매와 함께 튕겨 나가 공중제비를 돌았고 공중에서 분리된 나와 썰매는 둘 다 다시 트랙 위로 떨어져 팽이처럼 뱅글뱅글 돌았다. 간신히 썰매를 손으로 붙들었지만 서투른 조종에서 벗어난 썰매는 제멋대로 결승점을 향해 돌진했다. 나는 썰매 뒤에 매달린 채 배를 얼음 바닥에 대고 간신히 버텨냈다. 탈락하지 않으려면 어쩔 수 없었다. 미끄러지고 부딪히고 엉금엉금 기다시피해서 결승점을 통과했다.

그래도 어쨌든 전국에서 열한 번째로 훌륭한 루지 선수가 되는 데는 문제가 없었다. 내 식으로 표현하면 '탑 11' 안에 들어간 것이다(기억이 가물가물한데, 열두 번째 선수는 아마 기권이었나 탈락이었나, 그랬던 것 같다).

이후 나는 시즌 내내 트레이닝 센터에 머물면서 혹독한 훈련의 시간을 보냈다. 부딪히고 처박히는 횟수가 조금씩 줄어들긴 했지만, 나는 차츰 내 실력으로는 올림픽 출전까지는 힘들다는 현실을 받아들이게 되었다. 그런데…….

그때 우연히 레이크 플래시드 제2트랙에서 루지보다 더 알려지지 않은 종목을 훈련하는 걸 목격했다. 바로 스켈레톤Skeleton이었다. 스포츠 종목 치고는 섬뜩한 이름이지만, 그건 얇고 빈약해 보이는 썰매 때문에 붙은 이름이지 선수의 운명을 암시하는 이름은 아닌 듯했다. 스켈레톤은 루지와 많이 비슷했다. 루지는 등을 대고 드러누워서 발부터 나가는데 스켈레톤은 엎드린 자세로 머리부터 출발한다는 점, 루지 선수는 몸에 착 달라붙는 폴리에스테르 원단의 선수복을 입는데 스켈레톤 선수는 청바지를 입고 오토바이 헬멧을 쓴다는 점, 루지는 전용 얼음 트랙에서 하는데 스켈레톤은 봅슬레이와 같은 트랙을 쓴다는 점만 달랐을 뿐이다.

게다가 스켈레톤 팀에 여자는 없었다. 단 한 명도!

그렇다. 드디어 기회를 만난 것이다.

나는 스켈레톤 트랙에 있는 코치를 만나 나를 소개했다. 코치는 키가 크고 마른 체구에 얼굴빛이 창백해 보이는 백인 남성으로, 청바지와 컨버스 운동화 차림이었다. 그의 한 손에는 오토바이 헬멧이, 다른 손에는 식당 쟁반 같은 썰매가 있었다.

"스켈레톤을 해 보고 싶어서 왔습니다." 내가 말하자 그의 표정이 갑자기 밝아졌다. 스켈레톤은 자금 지원도 부족하고 인력도 부족한, 알려지지 않은 종목이었다. 실력 있는 루지 선수를 스켈레톤 선수로 키울 수 있다는 사실에 흥분한 그는 나를 기꺼이 팀에 넣고 싶었을 것이다. 그는 스켈레톤이 곧 올림픽 종목에 들어갈 거라는 말도 덧붙였다. '곧'이라는 말이 나를 안심시켰다.

그때 마침 얼음 위에 썰매 지나가는 소리가 들렸다. 코치가 나를 돌아보며 말했다. "마이크가 연습 중이군. 함께 가 볼까?" 그 말이 떨어지자마자 심하게 긁히는 소리와 함께 외마디 비명소리가 들리더니 마이크가 우리 앞을 번개처럼 지나갔다.

"방금 그게 비명소리였나요?" 내가 물었다.

"마이크에게는 늘 있는 일이야." 코치는 어깨를 으쓱하며 말했다. "회전할 때 관성력이 무지막지하거든. 얼음에 얼굴을 처박은 거지. 헬멧이 충격을 대부분 흡수해 주니까 별 걱정은 안 해도 돼."

걱정? 천만의 말씀! 나로 말하면 별명이 '사고제조기'인 사람이다. 상상할 수 있는 모든 방법으로 얼음에 처박혔던 사람이라고. 그런 내가 얼음에 부딪혀서 뺨 좀 화끈거리는 걸 걱정한다고?

"그럼 코치님한테 레슨을

용감한 소녀들

파르하나 허크(Farhana Huq)가 서핑을 시작한 건 스물여섯 살 때였다. 첫 도전에서는 뜻대로 되지 않아 망신만 당했다. 그러나 몇 년 후 재도전했을 때는 서핑에 완전히 매료되고 말았다! 파르하나는 전통적으로 여성들의 서핑을 꺼리는 지역에서 서핑을 대중화하기로 결심했다. 그녀는 '브라운 걸 서프(Brown Girl Surf)'라는 단체를 설립해서 세계 각지의 여성 서퍼들을 맺어 주고, 인디아 · 방글라데시 · 스리랑카 등 세계 각지에서 여성들의 서핑을 지원하고 있다.

받을 수 있나요?" 코치 손에 든 썰매를 고갯짓으로 가리키며 내가 물었다.

"레슨?" 코치는 어이없다는 표정이었다. "그냥 썰매에 배를 대고 엎드려. 그리고 발로 조종해. 그것만 알면 돼."

그는 나에게 헬멧과 썰매를 건네주고는 언덕으로 따라오라는 몸짓을 했다.

살면서 어떤 문제 상황을 마주하거나, 재수 없는 인간을 마주하는 일은 종종 있을 수 있다. 그렇지만 차갑고 단단한 얼음 바로 몇 센티미터 위에 뺨을 댄 채 엄청난 속력으로 내달려야 할 내리막길을 마주하는 건 완전히 다른 이야기라고, 썰매 옆에 웅크린 채 눈앞의 내리막길을 보면서 나는 생각했다. 그래도 겁에 질린 정도까지는 아니었다. 솔직히 말하면 은근한 자신감도 있었다. 아무렴, 10번 커브보다야 낫겠지. 암, 그렇고 말고.

나는 썰매에 배를 대고 엎드린 채 출발했다. 커브를 돌 때는 발을 끌고 직선 코스에서는 물고기 꼬리처럼 몸을 좌우로 흔들며 쏜살같이 미끄러져 내려갔다. 관성력의 영향을 받을 만큼 속도가 빠르진 않았기에 내 뺨은 멀쩡했다. 썰매를 놓치지 않고 결승선을 막 지나는 순간 나는 가슴이 벅차서 기쁨의 비명을 질렀다. 너무나 짜릿한 경험이었다.

"타고난 스켈레톤 선수로구먼." 코치가 환한 표정으로 말했다.

진짜? 내가? 타고난 선수라고?

그럼 결론은 나왔다. 스켈레톤 선수가 되는 거다!

그런데……. 지금까지 전 세계 어느 스켈레톤 팀에도 여자 선수는 없었기 때문에 먼저 봅슬레이 연맹 회장에게 가서 물어봐야 한다고 코치가 말했다. 내가 처음이라는 것이다.

세계 최초라니! 나는 '최초'를 너무 좋아하는 사람이었다.

"내일 오후에 찾아가 보게." 코치가 말했다. 봅슬레이 연맹 회장은 점심에 간단히 위스키 한두 잔 하는 걸 좋아하니 그때 가면 말이 더 잘 통할 거라고 했다.

나는 뭘 그렇게까지 이것저것 신경 써야 하나 의아했지만 코치의 조언대로 다음 날 오후에 연맹 회장 사무실로 찾아갔다. 떡 벌어진 체구의 대머리 남자가 커다란 책상 앞에 앉아 있었다. 내가 들어가니 그가 앉으라는 시늉을 했다. 내가 찾아온 이유를 말하자 그는 약간 심술궂은 표정으로 웃으며 말했다.

"자네는 스켈레톤 팀에 들어올 수 없다네."

"왜 안 되죠?"

"그냥 안 돼."

"저는 이해가 안 되는데요."

"안 된다니까."

"하지만……."

"이봐, 자네는 여자잖아. 여자는 봅슬레이 연맹에 못 들어와."

"저는 지금 스켈레톤 팀에 들어가겠다고 말씀드리는 건데요."

"거기도 여자는 안 돼. 스켈레톤 팀도 봅슬레이 연맹에 속한 거니까."

"근데 도대체 왜 안 되는 거냐고요!"

나는 도무지 이해할 수가 없었다. 이제껏 살면서 여자라서 안 된다는 말은 들어본 적이 없었다. 그런 이유를 속으로 생각하는 사람은 있었을지 몰라도 드러내 놓고 말하는 사람은 그가 처음이었다.

"자네는 여자잖아. 그래서 안 된다는 말일세."

"하지만……."

"좌우지간 여자는 절대 안 돼. 더 이상은 할 말이 없네."

위스키도 그의 마음을 바꿔 놓지는 못했다. 그러나 위스키 때문인지 그는 해서는 안 될 말까지 하고 있었다. 여자라는 이유로 스포츠 팀에 못 들어오게 하는 것은 법적으로도 문제가 된다는 사실을 그도 당연히 알고 있었을 터이다. 그런데 그런 말을 드러내 놓고 하는 것은 비열하고 비합리적인 처사임은 말할 것도 없거니와 법적으로도 큰 문제의 소지가 있었다.

경찰 드라마를 숱하게 봐 온 나는 그때 무슨 말을 해야 할지 잘 알고 있었다. "그럼 제 변호사를 통해 연락드리죠." 더 이상 말할 필요를 못 느낀 나는 자리에서 일어났다. 물론 나에게 변호사가 있을 리 없었지만 변호사야 구하면 그만이었다. 나는 텔레비전에서 본 그대로 양손을 허리에 올리고 고개를 빳빳이 쳐들고 당당한 걸음걸이로 사무실을 나왔다.

회장과 있었던 일을 전해들은 스켈레톤 코치는 실망한 표정이 역력했다. "내 그럴 줄 알았지." 그는 지긋지긋하다는 듯이 고개를 절레절레 흔들며 말했다. "미안하게 됐네. 문제가 해결되기 전까지는 스켈레톤 훈련은 안 되겠어." 나는 기운이 쭉 빠졌지만 그의 입장이 이해가 안 되는 바는 아니었다. 어차피 훈련 시즌도 몇 주 안 남은 터였다. 나도 곧 캘리포니아의 집으로 돌아가 대학 공부를 계속해야 할 상황이었다.

단기간에 끝날 싸움이 아니라는 건 나도 알고 있었다. 올림픽 출전이 절실했던 나는 다시 루지의 세계로 눈을 돌렸다. 여름 학기 동안에는 독일어를 배우고 가을

용감한 소녀들

린 콕스(Lynne Cox)는 차가운 물을 좋아하는 수영 선수이다. 그녀는 섭씨 3도가량의 베링 해협 8킬로미터를 수영으로 건넜다(물의 어는점은 섭씨 0도라는 걸 기억하길). 영국 해협 최단 시간 수영 기록을 두 번 갱신했고(남녀 부문 통틀어서) 남극에서 1.6킬로미터를 수영했다. 그녀는 그린란드의 영하 1.8도 바다 수영에도 도전함으로써(소금물의 어는점은 섭씨 영하 2도이다) 저온에서 생존한 최초의 인물이 되었다. 더욱 놀라운 것은 거기서 5분 26초 동안 수영을 했다는 사실이다! 그런 위험한 온도를 견뎌내는 것은 믿기 힘든 사실이기에, 그녀의 성취는 군대와 대학에서 집중적인 연구 대상이 되고 있다. 그녀는 말한다. "인간의 몸에 한계란 없다."

에는 유럽에 있는 루지 트랙을 찾아가 혼자 연습을 했다. 그래서 마침내 나는 미국 루지 대표팀 선수 자격을 갖추게 되었다.

올림픽을 꿈꾼다는 것은 멋진 일이다. 그러나 꿈은 바뀔 수 있다. 굳게 마음먹고 고집스럽게 꿈을 향해 달린 나는 수많은 시간을 훈련에 쏟은 결과 마침내 미국 루지 대표팀 선수로 영입을 제안 받았다. 대표팀 선수가 되면 올림픽 참가도 코앞이었다.

나는 한참을 깊이 고민해야 했다. 나는 빙상 트랙과 썰매에 내 모든 시간을 쏟아부을 각오가 되어 있는가? 나는 초 단위의 승부와 메달을 위해 과연 내 인생을 걸 각오가 되어 있는가? 이제까지의 삶, 세계 각지를 여행하고 다양한 사람을 만나고 새롭고 흥미로운 일에 도전했던, 그런 삶을 포기하고 피 말리는 경쟁의 세계에 발을 들일 각오가 되어 있는가?

나 자신마저 놀랐지만 결국 결론은 '아니오'였다. 나는 미국 대표팀에 거절 의사를 밝혔다. 대신 나는 새로운 목표를 정하고 새로운 꿈을 준비하리라 마음먹었다. 그 꿈에 꼭 올림픽이 들어갈 필요는 없었다.

나는 꿈을 이루는 데 실패한 걸까? 어떤 면에서는 그럴지도 모르겠다. 올림픽 선수가 되지 못한 것은 사실이니까. 그러나 대신 나는 다른 것들을 해냈다. 나는 세계 각국의 선수들과 우정을 나누었다. 나는 루지 트랙을 총알 같은 속도로 달렸다. 썰매 끝을 잡고 악

착같이 버텼고, 결과에 연연하지 않았다. 꾸준히 실력을 향상시켰고, 마침내 미국 대표팀 선수 자격을 갖추었다. 나는 스켈레톤 썰매로 봅슬레이 트랙을 달린 최초의 여성 중 한 명이었다. 나는 변호사를 고용해 항의서를 제출했다. 편견 가득한 한 남성, 그리고 편견 가득한 그의 조직에 맞서 미약한 힘으로나마 당당하게 맞섰다. 어쩌면 내가 한 일이 미래의 여자 스켈레톤팀 탄생을 위한 첫 걸음이었는지도 모른다. 나는 꿈을 향해 달렸고, 그로 인해 삶은 더 풍요로워졌다. 내가 원했던 그대로의 결과는 아니었지만, 결국은 나를 위한 최선의 결과였다.

이야기를 조금 덧붙이자면, 2002년 어느 날, 나는 텔레비전을 보다가 스켈레톤이 올림픽 종목이 되었다는 사실을 알게 되었다. 몸에 착 붙는 폴리에스테르 선수복을 입은 미국 스켈레톤 남자 대표팀 선수들이 멋진 헬멧을 쓴 채 식당 쟁반 같은 썰매를 들고 서 있었다. 그리고 그들 옆에서 당당하게 미소 짓고 있는 이들은 다름 아닌, (다들 짐작했겠지만) 미국 스켈레톤 여자 대표팀 선수들이었다.

생존 꿀팁

1. 못난 마음 떨치기

스스로에게 못난 말을 하게 될 때가 있죠. "나는 너무 못생겼어.", "저 일은 내가 절대 못 해낼 거야.", "나는 진짜 바보야." 등등. 그럴 때는 내 가장 소중한 친구에게 누군가가 그렇게 말하는 걸 용납할 수 있을까 생각해 보세요. 마찬가지로 스스로에게 그런 말을 하는 걸 용납하면 안 되겠죠? 그런 못난 마음은 얼른 떨쳐 낼수록 좋아요!

➡ 도전하기

나만 해도 "너는 루지는 안 돼, 이제 포기해"라는 내 안의 목소리를 들으면 마음이 혼란스럽고 불안했어요. 마음이 그렇게 혼란스럽고 불안할 때는 내 안의 목소리가 나에게 무슨 말을 하는지 들어 보세요. 그리고 그 말을 종이에 적고 왜 틀렸는지 세 가지 이유를 써 보는 거예요. 아래는 내가 쓴 예시예요.

내 안의 목소리 : 너는 루지는 안 돼.

틀린 이유 세 가지

① 나는 지금 레이크 플래시드에 와 있어, 안 그래?

② 사람들은 얼음에 처박히는 나를 보고 웃지만, 매번 다시 도전하는 나를 만만히 보지 못해.

③ 이래봬도 내가 국내 랭킹 11위 여성 루지 선수야. 못난 마음 따위, 꺼져!

생존 꿀팁

2. 성공을 시각화하기

상상만으로도 루지 연습을 할 수 있다는 사실을 알고 있나요? 어떻게 그게 가능하냐고요? 어떤 물리적인 일을 시각화visualization하면 두뇌가 근육에 신호를 전달하는데, 이 과정이 실제 그 일을 할 때 신호가 전달되는 과정과 일치한다고 해요. 신기하죠? 특히 게으른 사람들이 연습을 하기에 좋겠죠?

그런데 사실은 세계 최고의 운동선수들도 이 시각화를 연습한답니다. 시각화는 두뇌를 더 효율적으로 훈련해 몸이 자동으로 반응하도록 만들어 주거든요. 루지 선수들도 시각화를 활용해요. 초 단위의 정확한 반응이 요구되는 속도 경기에서는 머릿속에서 속도를 줄이고, 각각의 동작과 다가올 커브를 연습하는 게 도움이 되니까요. 루지 선수들이 실제 트랙에서 세 번을 연습한다면 머릿속으로는 똑같은 트랙을 서른 번도 더 연습한다고 해요.

➡ 도전하기

여러분이 수영을 잘하고 싶다면 바닥에 드러누워서 자유영, 배영, 평형, 접영 등 다양한 기술을 완벽하게 수행하는 자신을 상상해 보세요. 물속에서 물은 어떻게 튀는지, 발차기 때 힘의 강도는 어떤지 아주 자세하게 그려 보아야 해요. 경기에서 이기고 좋아서 펄쩍펄쩍 뛰는 자신을 그려 보는 것도 효과가 있겠죠?

생존 꿀팁

3. 집중하기

집중이란 다른 걸 잊고 그 순간 가장 중요한 일에 몰두하는, 꼭 필요한 능력이죠. 악어 떼가 득실거리는 강을 건너야 하는데 금방이라도 무너질 듯한 미끄러운 다리 하나만 있는 상황이라고 해봐요. 악어 떼가 있다는 사실도 중요하지만 더 중요한 건 미끄러지지 않고 무사히 다리를 건너는 일이겠죠. 그렇다면 집중해야 할 대상은 다리 밑에 아가리를 벌리고 있는 악어가 아니라, 다리 위에서의 한 걸음 한 걸음이랍니다!

➡ 도전하기

① 3분 후에 타이머가 울리도록 설정해 놓고, 의자에 앉으세요.
② 83쪽에서 배운 복식호흡을 하세요.
③ 여러분의 숨소리에, 지금의 느낌에 주의를 기울여 보세요.
④ 자꾸 다른 생각이 떠오를 수도 있지만 그래도 괜찮아요. 다시 호흡에 집중하면 돼요.
⑤ 타이머가 울리면 자기 등을 두드려 칭찬해 주세요. 등에 손이 안 닿으면 다른 사람에게라도 등을 두드려 달라고 하세요. 훌륭하게 집중한 여러분은 칭찬받을 자격이 충분하니까요!

생존 꿀팁

4. 바깥 온도 알아내기

바깥 날씨가 궁금한데 온도계가 없어서 바깥으로 머리를 내밀었더니, 입김이 나오고 추워서 눈도 똑바로 뜰 수가 없고 눈앞에 고드름이 매달려 있다고요? 그렇다면 바깥 온도는 끝내주게 춥다는 뜻이겠죠?

➡ 도전하기

온도계는 없지만 다행히 여러분이 사는 곳에 귀뚜라미가 있다면 이렇게 해보세요. 귀뚜라미가 15초 동안 몇 번 우는지 세어 보세요. 그리고 40을 더하세요. 그렇게 나온 숫자가 바로 바깥 온도(화씨 기준)랍니다!

① 섭씨: 물의 어는 점을 0도, 끓는점을 100도로 하여 그 사이를 100등분해 나타낸다. 단위는 ℃이다.

② 화씨: 물의 어는 온도 32도와 끓는 온도 212도 사이를 180등분해서 나타낸다. 단위는 ℉이다.

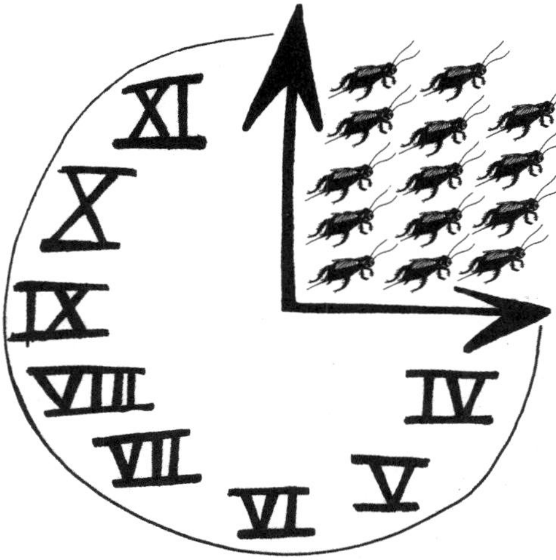

귀뚜라미 울음 14회 + 40 = 화씨 54도(섭씨 12도)

귀뚜라미 떼가 위협적으로 보일 수도 있겠지만 사실 귀뚜라미는 꽤 귀여운 곤충이랍니다. 특별히 곤충을 무서워하는 사람만 아니라면 말이죠.
곤충이 무섭다고요? 그렇다면 '내가 용기를 낼 것들' 목록에 추가해야겠죠?

모험일지

줄넘기 2단 뛰기, 3점 슛 넣기 등과 같이 여러분이 실력을 늘리고 싶은 분야를 써 보세요. 그리고 그걸 왜 잘하고 싶은지, 더 잘하려면 어떤 과정들을 거쳐야 할지도 써 보세요. 큰일을 해 내기 위해서는 감당할 수 있는 작은 일부터 차근차근 해 나가야 한다는 걸 잊지 마세요. 3점 슛을 넣고 싶다고요? 그럼 우선 하루에 5회씩 자유투를 던지는 것부터 시작해 봐요. 그러다가 하루 30회로 늘리는 식이죠! 연습은 언제 어디서 누구랑 하고 싶은가요? (시각화도 잊지 말아요.)

구멍 난 자전거 타이어 해결하기

- 구멍 난 타이어
- 패치 키트와 타이어 레버
- 인내심
- 사탕(에너지와 사기 충전용)
- 휠을 분리한다(자전거 포크 양쪽에 큐알 레버가 있음).
- 손가락으로 밸브를 눌러 타이어의 남은 공기를 뺀다.
- 휠을 바닥에 놓는다. 타이어 레버를 타이어 아래에 끼워 타이어를 림에서 들어올린다.
- 이때 안쪽에 튜브가 손상되지 않도록 주의할 것.
- 림을 따라 나머지 타이어를 분리한다.
- 튜브를 꺼낸다!
- 사탕을 먹는다(여기까지 했으면 사탕 먹을 자격 있음).
- 구멍 난 곳을 찾는다. 구멍이 안 보이면 타이어에 공기를 넣고 물속에 넣어 공기방울이 나오는 곳을 찾는다.

- 패치를 붙일 차례! 구멍 난 곳 주위를 사포로 다듬고 흙을 없앤다. 접착제를 바르고 3분 동안 기다린다!

- 패치 뒷면을 떼어내고 패치를 접착제 위에 대고 누른다.

- 타이어를 다시 끼운다. 튜브 안에 약간의 공기를 주입해서 타이어에 끼운다. 밸브를 림의 밸브 홀에 절반쯤 넣는다. 타이어 한쪽(안에 튜브가 있는 상태로)을 림에 장착하고, 타이어 레버를 이용해 다른 쪽도 림에 장착한다. 처음엔 어렵게 느껴질 수 있지만 금방 요령이 생긴다.

- 사탕을 더 먹는다.

- 밸브가 밸브 홀에 다 들어갈 때까지 조심스럽게 진행한다.

- 공기 주입하기! 타이어를 잘못 놓아서 또 다른 구멍이 생기지 않도록 조심하면서 천천히 공기 주입기로 공기를 넣는다.

- '구멍 난 타이어 해결'을 축하하는 춤을 춘다.

- 사탕을 더 챙겨 먹는다.

나는 강물과 사랑에 빠져서 결혼해 버렸죠. 아직도 이혼 생각은 없어요.

_조지 화이트Georgie White, 그랜드캐니언 강에서 노를 저었던 최초의 여성. 1961년 당시 가장 노련한 그랜드캐니언 강 길잡이였다.

신중함과 두려움은 다릅니다. 신중함은 우리의 생존을 돕지만, 두려움은 우리를 타인의 삶을 동경하는 구경꾼으로 만듭니다.

_애나 피츠패트릭Anna Fitzpatrick, 작가

인생을 오래 사는 것만 중요한 게 아닙니다. 폭넓은 인생을 사는 것도 똑같이 중요합니다.

_다이앤 애커먼Diane Ackerman, 야생동물 연구가, 작가

7장

래프팅 원정대

래프팅 원정대

말보다 행동

여름이 오고 있었다. 나는 여름방학 동안 할 아르바이트를 찾고 있었다. 사무직은 내 적성이 아니었기에 야외에서 할 수 있는 일을 원했다. 그래서 찾은 일이 래프팅 조교였다. 나는 강에 대해서 아는 게 아무것도 없었다. 슬픈 운명으로 마감했던 '1등급호' 모험은 빼고 말이다. 그렇지만 앞으로 배우면 된다고 생각했다. 친구가 래프팅 회사를 하나 소개해 주었다.

나는 그 회사 전화번호를 찾아내 사장과 통화하면서 래프팅 조교 일을 잘할 수 있노라고 거듭 강조했다. "노도 굉장히 잘 저어요." 아홉 명이 탄 길고 가느다란 배에서 여덟 개의 노를 저어 잔잔한 물결 위를 떠다닌 경험은 실제 조교 일과는 상관이 없었지만, 나는 래프팅 조교의 완벽한 자질이라도 갖춘 듯이 말했다. 사장님은 귀가 어두웠는지 아니면 일할 사람이 진짜 없어서 그랬는지 몰라도 어쨌든 나를 고용해 주었다.

그 래프팅 회사는 조교가 일곱 명뿐인 아주 작은 회사였다. 정식 조교 훈련도 없었다. 경험 많은 조교와 함께 강에 가서 래프팅 시범을 몇 번 본 다음, 그의 호통을 들으면서 내가 직접 래프팅을 한 번 한 것이 훈련의 전부였다.

그러면서 나는 차츰 래프팅 조교가 알아야 할 것들을 배웠다. 고객의 점심 도시락을 쌀 때 토마토와 치즈를 썰어서 빵에 얹는 법. 인내심을 잃지 않고 미소 짓는 법. 심지어 고객이 물속에 길이 안 보인다고 물을 때조차도 말이다.("길이요?" 나는 이해가 안 되어서 되물었다. "배가 다니는 길이 있을 것 아니오? 디즈니 만화처럼 말이오.") 그리고 급류 읽는 법.

급류를 읽는다는 건 강물을 유심히 보고 사나운 물을 통과할 최상의 경로를 선택한다는 뜻이다. 처음에는 급류를 읽는다는 게 다른 사람 마음을 읽을 때처럼 뚫어지게 쳐다보고 추측하면 되는 줄만 알았다. 하지만 시간이 지나면서 급류를 읽는다는 건 책을 읽는 것과 비슷하다는 걸 차츰 알게 되었다. 무사히 래프팅을 마치기 위해서 소용돌이치는 곳, 바위가 있는 곳, 급류가 있는 곳 등을 주의 깊게 살피는 과정은 내가 가야 할 안전한 길이 안내된 책을 읽어 가는 과정과도 같았다.

당시 나는 여름 한철 조교 일을 하면서 아주 먼 곳까지 래프팅을 나갈 기회들을 얻을 수 있었다. 그중 한 곳이 바로 시베리아였다.

시베리아? 어디선가 들어본 이름이다 싶었는데 생각해 보니 시베리아 호랑이나 시베리아 철도에 대해 들었던 기억이 났다. 어떤 선생님이 '굴라크gulag'라는 시베리아 수용소에 대해 이야기해 준 적이 있었는데, 그는 하수처리장, 사람 시체, 시금치 통조림 이야기까지 덧붙이면서 끔찍하다는 듯이 몸서리를 쳤다. 호랑이, 기차, 수용소. 그 어느 것도 나를 혹하게 만드는 것은 없었다.

그러나 나는 시베리아가 광활한 야생의 땅이라는 것을 알고 있었다. 드높은 산맥에서 시작된 강이 저지대의 평원으로 유유히 흘러가는 곳. 사람도 도시도 찾아보기 힘든 곳. 밤이면 세상 그 어느 곳보다 반짝이는 별을 볼 수 있는 곳. 호랑이, 기차, 수용소 따위는 이내 잊혀졌다. 나는 그 신비의 땅에 꼭 가 보고 싶어졌다. 그러던 차에 마침 알타이 산맥으로 떠나는 '러시아-미국 래프팅 원정대'에 합류하는 행운을 얻었다.

시베리아에서 온 러시아 친구들은 '시베리안'이라고 불리는 것을 더 좋아했다. 그들 대부분이 영어를 약간 하는 정도였고, 아예 영어를 모르는 사람도 몇 있었다. 반대로 미국인들 경우에는 러시아어를 하는 사람이 일부 있었고, 나머지는 러시아어를 하나도 몰랐다. 그래도 큰 문제는 없었던 것이 몸짓으로 그럭저럭 의사소통이 되었기 때문이다. 미소를 짓는다거나 고개를 끄덕인다거나 손을 흔든다거나 방구 소리를 내거나 하면 의사소통이 가능했다(아, 물론 방구 소리는 농담임. 근데 실제로 그러면 재미있지 않을까?).

원정대는 수물타강Sumulta River의 본류로 가기 위해 닷새 일정의 알타이 산맥 하이킹을 시작했다. 그런데 원정을 떠나는 러시아 친구들의 장비는 허술하기 짝이 없었다. 땀과 열에 최적화된 (이름도 어려운) 기능성 셔츠를 몇 벌이나 챙겨간 나와는 달리, 나디아는 입고 온 양털 스웨터 한 장이 전부였다. 바닥에 홈이 파이고 질긴 가죽 끈이 달린 내 신발은 방한과 방수 기능까지 갖춘 하이킹 신발이었지만, 이반이 신은 것은 한여름 슬리퍼였다. 내가 가져간 텐트는 접이식 버팀대와

용감한 소녀들

애니 타일러(Any Taylor)는 통 하나에 의존해 나이아가라 폭포에서 살아남은 최초의 인물이다. 돈이 절실했던 애니는 자신의 대담한 도전이 돈과 명예를 가져다 줄 것이라 확신했다. 1901년 수천 명 구경꾼들 앞에서 그녀는 손수 제작한 통에 들어가 나이아가라 폭포를 떠다녔다. 당시 63세였던 그녀는 그 도전에서 무사히 살아남았다. 그러나 처음에만 반짝 사람들 흥미를 끌었을 뿐, 영웅적 풍모와는 거리가 먼 그녀에 대한 사람들의 관심은 곧 잦아들었다. 그로부터 10년 후 애니가 했던 모험에 재도전한 남성이 등장했는데, 애니는 그렇게 쉽게 잊힌 반면 그는 세계적 찬사를 받았다. 그러나 아무리 남녀 차별이 존재해도 진실을 외면할 수는 없는 법. 오늘날 애니는 대담한 모험가로 존경받으며 나이아가라를 건넌 최초의 인물로 기억되고 있다.

모기장을 갖춘, 지퍼가 주렁주렁 달린 초경량 텐트였는데 바냐는 나무 사이에 매달아 쓰는 방수포 가림막이 전부였다.

러시안 원정대는 진짜 강인한 친구들이군! 생각해 보니 그들은 국가적 대혼란의 소용돌이 속에서 성장한 이들이었다. 그들이 자랄 때는 음식도, 옷도, 연료도 넉넉하지 않았을 것이다. 반면 나는 슈퍼에서 스무 종류의 시리얼 중에 뭘 먹을까 고르는 나라에서 자랐다. 캡앤크런치 시리얼 하나만 해도 세 가지 맛이 있었다!(엄마는 캡앤크런치 같은 시리얼은 너무 달다고 못 먹게 하셨지만, 나는 종종 세 가지를 동시에 먹는 꿈을 꾸곤 했다).

첫날 일정을 마치고 야외에서 저녁 식사를 준비했다. 이럴 때 미국 친구들 같았으면 분명히 방수 라이터와 손바닥 크기도 안 되는 프로판 스토브를 꺼냈을 것이다. 하지만 이번 원정대 식사 장비는 러시아 친구들이 맡았다. 이반이 러시아 말로 뭐라고 떠들더니 배낭에서 꺼낸 것은 성냥이었다. 이어서 꺼낸 것은 커다란 솥이었다. 무지무지 커다란 솥.

그런 큰 솥이라면 아주 가벼운 재질로 만들어졌으리라는 것이 내 상식이었다. 그런데 이 솥은 캠핑용 솥이 아니

용감한 소녀들

마야 가베이라(Maya Gabeira)는 거대한 파도를 타는 서퍼이다. 그녀가 타는 파도는 자그마치 15미터 높이로, 5층 건물과 맞먹는 높이다.

라 이반이 자기네 집 부엌에서 들고 온 것이었다. 이 솥을 배낭에 넣어 짊어지고 산을 올랐다는 사실에 나는 놀라지 않을 수 없었다. "진짜 저걸 등에 지고 산을 올라온 거야???" 놀란 내가 친구 베스에게 이 말을 하는 순간 이반은 다시 배낭을 뒤지고 있었다. 이번에는 무쇠 작대기들이 나왔는데, 그 작대기들도 고양이 한 마리 무게는 족히 될 듯싶었다. 그런데 그게 다가 아니었다. 두 작대기 사이에는 두꺼운 금속 와이어가 달려 있었다. 그리고 마지막으로 이반이 꺼낸 것은 두꺼운 금속 갈고리였다. 작고 가벼운 스토브는 끝내 나오지 않았다. 이글거리는 불 위에 매달아 쓰는 무쇠 솥이 전부였다. 그게 러시아 스타일이었다.

러시아에 물자가 그렇게 부족하다면 래프팅용 보트는 도대체 어떻게 마련한 거지? 라는 의문이 들지 않을 수 없었다.

대답은, 직접 만들었다는 것이다.

그들은 강가에 도착하자마자 나무를 주워 모은 뒤 깎아서 노를 만들었다. 그리고 나무를 길게 다듬어서 철선과 나일론 끈으로 묶어 배의 골조를 만들었다. 완성된 골조는 고무 코팅 처리된 병원 매트리스 덮개를 씌운 두 개의 폰툰pontoon(물 위에 띄우는 부유 구조물-옮긴이)에 고정했다. 그러자 어느새 늠름하고 멋진 카타래프트 cataraft(폰툰 두 개를 이어 만든 기다란 래프트-옮긴이)가 눈앞에서 완성되어 급류로 나갈 준비를 마쳤다.

불행인지 다행인지 우리는 직접 배를 만들 일은 없었다. 우리에게는 근사한 래프팅용 보트와 최고급 카약, 알루미늄 골조로 된 카타래프트가 있었다.

스물타강에서의 래프팅은 이제까지 통틀어서 서너 번뿐이었다고 한다. 고작 서너 번뿐이라고 하면 아마 꽤 불안하게 들릴 것이다. 그러나 래프팅이 한 번도 없었던 강에서 노를 저어본 경험이 있던 나로서는 그 차이가 크다는 것을 알고 있었다. 래프팅이 한 번도 없었던 강이라면 거기서 무슨 일이 일어날지 아무도 알 수 없지만, 한 번이라도 래프팅을 했던 강이라면 다시 해내는 것도 가능하기 때문이다.

강에 이르자 헬리콥터 한 대가 우리 배들을 지상에 내려놓았다 (이반이라면 그것도 등에 짊어지고 왔겠지만). 이제 곧 래프팅이 시작될 참이었다.

처음 며칠 동안은 급류가 거셌지만 노련한 우리 원정대에게는 이마에 진땀이 나고 가슴이 철렁하고 등이 오싹할 정도까지는 아니었다. 그러던 어느 날 아침, 급히 대원들 미팅이 소집되었다. 정신을 똑바로 차리고 지나가야만 하는 사나운 급류가 우리 바로 앞에 놓여 있었다. 모든 배가 동원되어야 했기에 최고의 래프팅 길잡이가 필요한 상황이었다. 몇몇은 먼저 배를 타고 출발했다가 강 옆길로 걸어서 이동하고, 나머지는 배를 타고 갔다가 강 상류로 다시 걸어와 다른 배를 타고 내려오기로 했다.

노련한 길잡이는 아니더라도 노 젓기라면 꽤 자신 있었던 나는 블라드와 함께 카타래프트를 타겠다고 자원했다. 블라드는 젊은 러시아 친구였는데 영어를 전혀 못했다. 그러나 길잡이로서 꼭 알아야 할 단어는 몇 개 안 되었으므로 크게 문제될 건 없어 보였다. 오른쪽으로 꺾어, 왼쪽으로 꺾어, 앞으로 저어, 뒤로 저어, 정도만 알아도 상관없었다. 만일의 경우를 대비해서 우리는 단어를 더 간단하게 줄여서 오른쪽, 왼쪽, 앞으로, 뒤로, 이렇게만 말하기로 했다. 블라드는 단어를 손짓과 함께 반복해서 연습했다. 내 경우엔 블라드가 소리치는 대로 따르기만 하면 되니까 따로 연습할 필요도 없었다. “도와줘”, “맙소사”, “육지로 되돌아갈까?” 같은 말들은 연습할까 말까 고민할 필요조차 없었다.

출발 직전에 베스가 나를 따로 한쪽으로 불러냈다. “급류가 끝나는 지점에서는 무조건 오른쪽으로 붙어.” 목소리를 낮추어 그녀가 말했다. “알겠지? 오른쪽이야. 안 그러면 진짜 큰일 나. 거기서 왼쪽은 바로 폭포야. 까딱하면 죽을 수도 있어.”

“죽을 수도 있어.”라는 말은 좀 과장되게 들리긴 했다. 하지만 베스는 노련한 래프팅 선수였다. 게다가 나와는 아주 친한 사이였기에 내가 가끔 어리석은 실수를 한다는 사실도 잘 알고 있었다. 나는 베스에게 판단은 블라드의 몫임을 상기시켰다. 내가 어리석은 실수를 할 가능성은 없었다. 길잡이는 블라드였고, 그는 예전에도 이곳에서 래프팅을 한 적이 있다. "그럼 됐네." 베스가 중얼거렸다. "그럼 그 친구가 알아서 오른쪽으로 붙겠지."라고 덧붙이기는 했지만 그래도 마음이 놓이지 않는 눈치였다.

내가 먼저 한쪽 폰툰에 올라타고, 블라드가 나머지 폰툰에 올라탄 뒤 출발을 했다. 긴장감이 감도는 순간이었지만 나는 비교적 담담했다. 네 가지 단어만으로 해결되는 세상이라면 그리 겁낼 것도 없다 싶었다. 그런데 진짜로 이마에 진땀이 나고 가슴이 철렁하고 등이 오싹하는 상황이 닥쳤다. 괴물 같은 급류가 순식간에 우리를 덮쳐 강 아래쪽으로 확 밀어 버린 것이다.

처음에는 손발이 잘 맞았다. 블라드의 지시에 따라 나는 열심히 노를 저었다. 카타래프트는 날쌘 축구 선수처럼 잽싸게 요리조리 급류를 피해서 나아갔다. 바위에 부딪치고 소용돌이에 휘말려 점점 속도가 빨라지면서, 성난 사자처럼 날뛰는 물결을 뚫고 힘차게 나아갔다. 상황은 그럭저럭 괜찮았다. 나는 웃고 있었다. 바로 그때 블라드의 명령이 떨어졌다.

"왼쪽!" 그가 외쳤다.

나는 고개를 좌우로 돌려 주위를 둘러보았다. 거의 급류 끝에 다가가고 있었다. 베스는 이 지점에서 오른쪽에 붙으라고 일부러 알려주기까지 했는데 왜 이 친구는 왼쪽으로 가라는 거지? 왼쪽일 리가 없는데.

"오른쪽?" 더듬거리며 내가 말했다. 블라드가 제대로 판단하기를 바라면서.

"왼쪽!" 블라드는 단호하게 맞서면서 힘껏 노를 저어 배를 왼쪽 강둑 쪽으로 끌고 갔다.

"오른쪽!" 나도 힘껏 노를 저으며 말했다. 강기슭에서 누군가가 외치는 소리가 들렸다. 베스였다.

"오른쪽으로 붙어! 오른쪽!" 성난 급류를 타고 그녀의 고함 소리가 들렸다.

"오른쪽!" 나는 소리치며 오른쪽으로 노를 저었다. 이제 블라드와 내가 싸우는 판국이었다. 힘도 비슷했던 우리는 서로 필사적이었다. 우리끼리 통하는 말은 '오른쪽, 왼쪽, 앞으로, 뒤로'뿐이니 설득도 불가능했다. 계속 그렇게 반대 방향으로 노를 젓는다면 강 중간에서 위험에 빠질 것이 분명했다.

베스의 미친 듯한 고함 소리도 포효하는 강물 소리에 점점 묻혀 갔다. 그녀가 뭐라고 외치는지는 듣지 않아도 뻔했다. 나는 순간적으로 득과 실을 계산해 보았다. 힘을 합해 한 방향으로 가야 하나?

제멋대로 움직이는 이 카타래프트 안에서 계속 싸워야 하나? 결정을 내리기 어려웠다. 그때 나에게 번뜩 드는 생각이 있었다. 내가 길잡이는 아니지만 나 때문에 일을 그르칠 수도 있겠구나! 그렇다면 어떻게 해야 하나?

나는 반대 방향으로 노를 젓기 시작했다. 그리고 블라드를 따라 외쳤다. "왼쪽!"

1.8미터 폭포가 시야에 들어오는 순간, 블라드가 전쟁터의 장군처럼 결연하게 외쳤다. "앞으로!" 곧장 폭포로 떨어지면서 한쪽 폰툰이 바위에 걸리고 말았다. 그야말로 이마에 진땀이 나고 가슴이 철렁하고 등이 오싹하는 그 순간, 래프트가 뒤집어지면서 우리는 공중에 부웅 떴다가 폭포수의 하얀 포말 속으로 곤두박질쳤다. 래프트가 공중에 다시 튀어 올랐을 때 나는 막혔던 숨을 내쉬고 정신없이 주변을 보았다. 블라드가 다시 명령을 내리고 있었다. 래프트가 한 번 회전하고 다시 폭포로 떨어졌다가 한쪽으로 확 밀려났을 때에야 급류는 끝나가고 있었다.

'드디어 끝이다, 만세'라는 말을 러시아어로 어떻게 하

용감한 소녀들

부탄에 있는 포추강(Po Chu river)에서 카약을 타고 급류타기에 성공한 최초의 인물은 **버피 베일리 버지(Buffy Bailey Burge)**와 **마리아 노아케스(Maria Noakes)**, 그리고 **폴리 그린(Polly Green)**이었다. 멋진 여성들!

는지 몰랐지만 그런 건 상관없었다. 블라드와 내가 신나게 노를 저어 무사히 강기슭에 도착했을 때 우리는 이미 강에서의 의견충돌 따위는 깨끗이 잊었다. 다른 원정대 친구들이 우리 주위에 모여들어 성공적인 래프팅을 축하해 주었다. 오직 베스만이 표정이 좋지 않았다. 그녀는 나를 한쪽으로 불렀다. "오른쪽으로 안 붙었지!" 베스가 이를 악물고 말했다. "그러려고 했는데," 나는 하소연하듯 말을 이었다. "길잡이인 블라드가 왼쪽 코스로 가자는데 어쩔 수가 없었어. 둘이 말도 안 통하니 나야 따를 수밖에 없잖아." 베스는 나를 노려보았다. 이 세상에 괴물 같은 급류보다 더 무서운 게 있다면, 그건 바로 화낼 때의 베스였다. 하지만 그녀는 이내 화를 누그러뜨리고 "그래도 살아 돌아왔으니 됐어."라고 중얼거렸다. 사나운 강과 사투를 벌이고 살아온 사람에게 꼭 필요한 말이었다.

그날 나는 살아서 돌아왔을 뿐만 아니라, 조금은 현명한 사람이 되었다. 그날 평생 잊지 못할 교훈을 얻었기 때문이다. 나는 길잡이가 아니니까 아무 책임도 없다는 생각은 잘못된 것이었다. 러시아 말도 미리 배워 갔어야 했다."출발 전에 우리 경로를 함께 의논해 봅시다. 이마에 진땀이 나고 가슴이 철렁하고 등이 오싹하는 모험을 떠나기 전에."라고 말할 수 있도록. 다음번에는, 꼭 그렇게 하리라.

생존 꿀팁

1. 공구 이용하기

손재주는 타고난다고 생각하지만, 공구를 이용해서 만들고 고치고 분해하는 건 쉽게 배울 수 있어요. 의심스럽다면 가장 기본적인 공구만으로 카타래프트를 만들어낸 시베리아 친구들에게 물어봐도 좋아요.
우선 가장 필요한 도구는 자신감이에요('나는 할 수 있어!'). 그다음 필요한 도구는 호기심이고요('어떻게 하는 거지?'). 그리고 인내심도 갖춰야 해요. 자, 이것들이 준비되었다면 어른을 찾아가세요. 공구상자를 갖고 있는 어른이 사용법을 가르쳐 줄 거예요.

➡ 도전하기

널빤지와 공구상자를 준비한 뒤 다양한 공구의 사용법을 배워 보세요.

망치 - 망치로 널빤지에 못을 다섯 개 박아요. 망치를 쥘 때 필요하다면 망치의 머리 부분에 가깝게 쥐어도 괜찮아요. 이번에는 망치의 갈라진 부분을 이용해 못을 빼 보세요.

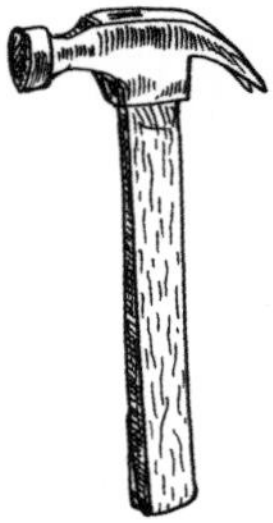

스크루드라이버 - 드라이버로 널빤지에 나사 다섯 개를 조여 보세요. 우선 망치로 작은 구멍을 낸 다음 나사 조이기를 추천해요.
스크루드라이버는 두 종류가 있어요. 일자형 드라이버는 홈이 한 개인 나사에 쓰고, 십자형 드라이버는 십자 모양 홈을 가진 나사에 써요. 두 종류 모두 연습해 보세요.

클로바 - 클로바Claw Bar(못을 뽑는 데 사용하는 작업용 지레-옮긴이)의 납작한 머리 부분을 못이 박힌 두 개의 널빤지 사이에 끼워 넣어요. 손잡이 부분을 내리누르면서 나무판이 서로 떨어지는지 보세요. 여기서 잠깐 멈추고 클로바를 틈 사이에 더 깊이 집어넣고 다시 해 보세요(집안에 벽을 들쑤신다거나 부모님 침대로 연습한다거나 하는 건 금물! 널빤지 두개를 겹쳐 놓고 망치로 못을 박은 후 그걸로 연습하세요!).

드릴 - 드릴을 이용해서 널빤지에 나사 다섯 개를 박아 보세요. 그 다음엔 방향 버튼을 바꿔서 나사를 빼는 연습도 해 보세요.

주의 : 혼자 연습하는 건 위험해요. 공구상자를 갖고 있는 어른과 꼭 함께하세요.

생존 꿀팁

2. 종이 지도

길을 찾을 때 주로 스마트폰 앱을 이용하지요? 그렇지만 종이 지도가 얼마나 유용한지 잊지 마세요. 배터리도 필요 없고 수신 기지국도 필요 없죠. 여행이나 모험을 떠날 때는 만약을 대비해서 지도를 갖고 다니길 추천해요!

지도도 종류가 다양해요. 도로 지도는 골목, 고속도로, 거리를 잘 보여 주죠. 해도는 물의 깊이, 해안선, 섬들을 보여 주고요. 비행 조종사를 위한 지도는 하늘에서 보았을 때 지표가 될 만한 것들, 이를테면 송전탑, 철도, 고속도로 등이 잘 나타나 있어요. 지형도에서는 땅이 가팔라질수록 선 사이 간격이 좁아지고 땅이 평탄하면 선 사이 간격이 멀어지는 식으로 지형을 표시한답니다.

➡ 도전하기

준비물 : 동네 지도, 연필, 자, 나침반

① 종이 지도 해독하기

먼저 우리 동네 지도를 펼쳐 보세요. 그리고 축척 표시, 방위 표시, 기호 설명 등을 찾아 보세요.(보통은 지도 한귀퉁이에 표로 만들어 둔답니다.)

축척 - 넓은 땅을 종이 위에 표시하기 위해서는 실제 크기보다 작게 그려야 하겠지요. 축척은 실제의 길이를 어느 정도의 비율로 축소했는가를 나타내는 거예요. '1 : 5000'이라고 되어 있다면 지도의 1센티미터가 실제로는 50미터라는 뜻이에요.

방위 - 보통 지도의 위쪽이 북쪽, 오른쪽이 동쪽을 가리켜요. 그러나 가끔 위쪽을 북쪽으로 하기 어려울 때는 북쪽을 표시하는 방위기호를 지도에 넣어 주기도 해요.

기호 - 지도 위에 건물이며, 도로를 표시할 때 아무렇게나 막 그리지 않아요. 지도 표현에 대한 일정한 약속이 있지요. 이런 상징 기호들을 알면 지도를 보는 게 훨씬 쉬워져요.

② 종이 지도로 길 찾기

이제는 우리 동네 탐험을 해볼 거예요.

동네 지도를 펼쳐서 지금 여러분이 있는 장소에 동그라미를 하세요. 그리고 여러분이 가고 싶은, 멀지 않은 장소를 하나 골라서 다시 동그라미를 하세요. 그리고 두 동그라미가 얼마나 떨어졌는지 재어 보세요. 축척에 대해 이해를 했다면 지금 있는 곳에서 실제 얼마나 멀리 떨어져 있는지 알 수 있겠지요? 그리고 지금 있는 곳의 주요 건물을 골라서 지도 속 건물 방향과 일치시키거나, 나침반을 이용해 방위를 잡으세요. 그럼 준비는 끝. 걸어가도 좋고, 자전거를 타고 가도 좋아요. 지도에 표시한 장소를 찾아가 보세요. 자, 동네 탐험 시작입니다!

모험일지

모험을 할 때 겉모습은 중요하지 않아요. 여러분이 어떤 사람인지가 중요할 뿐이죠. 여러분은 차분하고, 예의 바르고, 신체 건강하고, 사려 깊고, 관찰력이 좋고, 유머가 있고, 편견이 없고, 실패해도 다시 일어나고, 팀을 생각할 줄 아는 사람인가요? 그렇다면 모험을 잘할 수 있어요! 나무를 깎아 물건을 만들 수 있고, 텐트를 칠 수 있고, 자전거 타이어도 갈 수 있나요? 그렇다면 모험가로서 맞춤이네요! 여러분이 가진 모험가로서의 자질을 네 가지만 골라 써 보세요. 그렇게 생각하는 이유도 함께 써 보세요.

용감한 소녀의 뇌 구조

1 등반하고 싶은 산

2 도전하고 싶은 강

3 부모님께 모험을 허락받을 방법

4 모험을 함께할 친구

5 피할 수 없는, 설레다 못해 종종 두렵기까지 한 미래

6 새롭고 혁신적인 맛의 아이스크림

7 안전 최우선
안전 최우선
안전 최우선

8 코뿔소를 타고 세렝게티 초원을 횡단할 계획

9 세렝게티 초원에서 식수를 찾는 방법

10 수영

11 텐트 치기, 매듭 묶기, 나침반 사용하기

12 "만약 생존을 위해 벌레를 먹어야 한다면, 나는 과연?"

13 암호!

14 이 절벽에서 뛰어내려도 될까? (3장 목록 참조)

15 그래, 해 보는 거야!

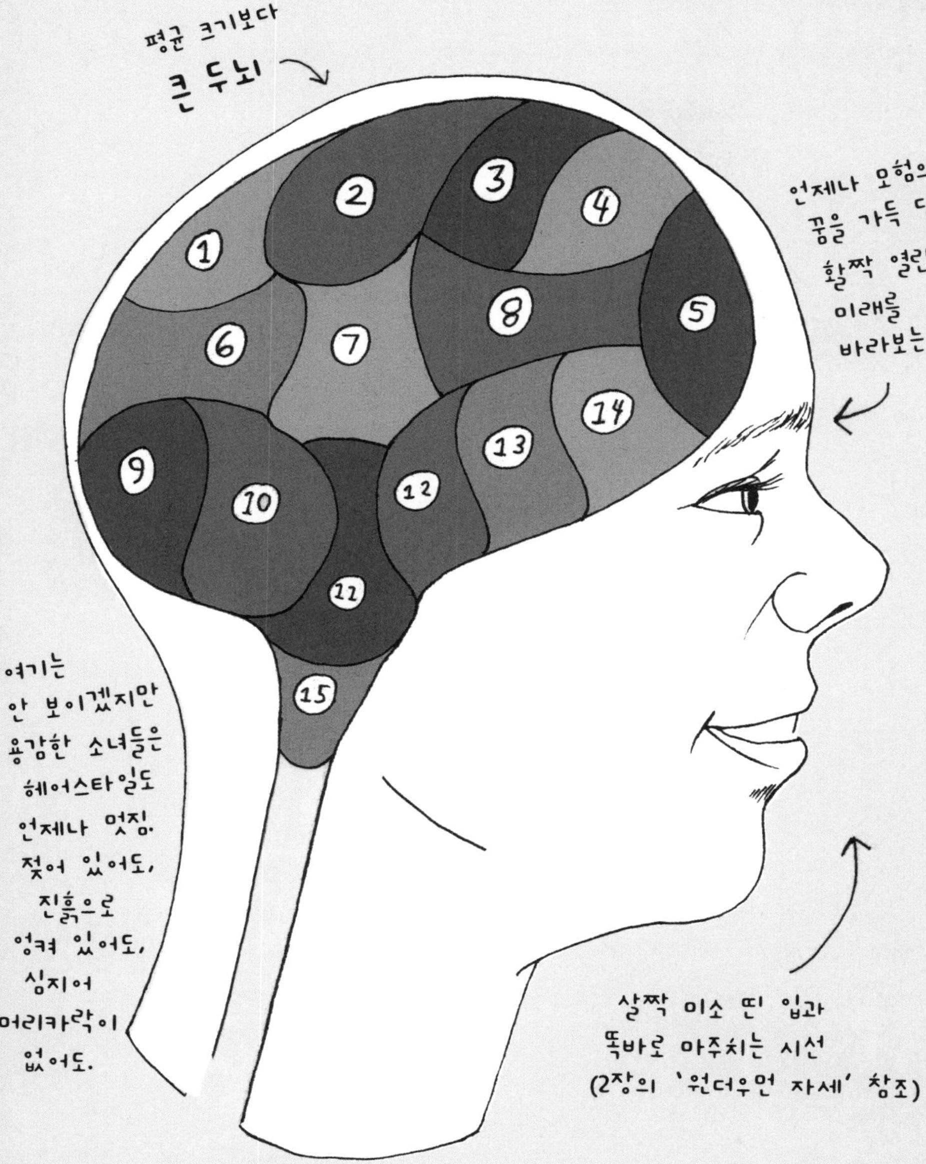

진짜는 아니지만,
그럴듯하지 않나요?

엄마가 만들어 준 칠리chili죠. 그걸 해동해서 스모어*를 만들어 먹어요.

_윌로 매코너히Willow McConochie, 10세, 자신이 제일 좋아하는 캠핑 음식을 설명하면서.

돈으로 행복을 살 수 있다고 믿은 적이 있어요. … 버릴수록 무한한 자유를 얻는다는 사실을 이젠 알았죠.

_로즈 새비지Roz Savage, 노를 저어 바다를 가로지르는 그녀가 좋은 직장과 비싼 집과 멋진 차를 포기하고 소박한 삶을 선택한 이유.

완전 엉망이었죠.

_이시타 말라비타Ishita Malavita, 서핑을 시도한 인디아 최초의 여성. 현재는 후원사를 둔 프로 선수로서 자신의 서핑 상점을 소유하고 있다. 물속에서 처음 서핑을 배울 때를 회상하면서 한 말.

*스모어s'more: 구운 마시멜로를 초콜릿 등과 함께 크래커 사이에 끼워 먹는 캠핑용 간식의 일종

8장

바다 카약 탐험

바다 카약 탐험

예측 불가까지 예측하기

해질녘 하늘에는 비구름이 짙게 끼어 있었다. 금방이라도 날이 어두워질 것 같았다. 바다 카약의 노를 계속 저으면서 나는 목을 길게 빼고 육지 방향을 바라보았다. 빨리 육지에 도착해서 캠핑을 해야만 했다. 하지만 주위에 보이는 것이라고는 우뚝 솟은 절벽과 어두워지는 아드리아해海가 전부였다.

나는 수와 베스에게 외쳤다. “우리가 캠핑해도 되는지 물었을 때 젤코가 된다고 하지 않았어?”

“캠핑해도 되는지만 물어봤잖아. 캠핑할 곳이 있는지는 안 물어봤어.” 수가 말했다.

베스는 고개를 절레절레 흔들며 웃음을 터뜨렸다. 어느새 머리 위로는 저녁 별이 하나둘씩 반짝이고 있었다.

우리는 이번 크로아티아 탐험 계획을 치밀하게 세웠다고 자부했었다. 지도도 많이 찾아보고 인터넷도 열심히 뒤졌다(당시는 인터넷이 생긴 지 얼마 안 된 터라 건질 만한 정보는 거의 없었지만). 크로아티아에 단 하나뿐인 캠핑 용품 판매점이 있는 자톤Zaton이라는 작은 마을까지 가서 바다 카약을 빌리고, 가게 주인인 젤코에게 카약 탐험 경로에 대한 설명도 들었다.

그는 가 볼 만한 섬들을 알려 주면서 바람이 아주 사나우니 조심하라고 말했다. 특히 이맘때는 새벽부터 바람이 심하게 몰아친다는 말에 우리는 표정이 굳어졌다. 우리가 처음 젤코에게 연락했을 때는 바람 이야기를 하지 않았기 때문이다. 하지만 이미 2주 일정으로 크로아티아까지 와 버린 후였다. 천만다행으로 출발하는 날은 바람이 잠잠했다. 운이 좋다면서 젤코는 우리를 배웅했다.

하지만 먹구름이 짙게 낀 데다 날까지 저물어 가는 지금 이 순간은 절대로 운이 좋다고 말할 수 없는 상황이었다. '바다'와 '섬'이 있으면 당연히 '해변'이 있을 거라고 생각했던 우리가 어리석었다. 우리는 육지로부터 몇 킬로미터나 떨어진 이곳에 와서야 섬의 해안이 가파른 절벽과 바위일 수도 있음을 깨달은 것이다.

밤마다 캠핑을 하려던 계획은 물거품이 되었다. 얼른 호텔이나 민박을 찾아야 할 형편이었다. 하지만 말이 좋아 호텔, 민박이지 여기는 섬들도 드문드문 있는 바다였다. 주위를 아무리 둘러봐도 마을이라고는 안 보였다. 지도를 봐도 몇 시간 내로 도착할 수 있는 섬들은 없었다.

빗방울이 내 콧잔등에 툭 떨어졌다.

"비가 온다." 베스가 소리쳤다. 우리는 목소리가 들리는 쪽을 쳐다보았다. 어스름 속에서 선명해지는 윤곽과 바닷물을 때리는 노젓는 소리로만 서로를 알아볼 수 있었다.

"젤코는 도대체 왜 이런 걸 말도 안 해준 거야?" 나는 불만을 터뜨렸다. 이유는 뻔했다. 그는 이 나라 유일의 바다 카약 용품 대여점 사장이긴 했지만 이곳까지 직접 카약을 타고 와 본 적은 없었을 것이다. 제대로 말하자면 젤코뿐만 아니라 누구도 해 본 적이 없는 일이었다. 며칠 동안의 탐험을 목적으로 바다 카약을 타고 이곳에 온 건 우리가 최초였던 것이다. 카약이 아닌 다른 배를 타고 여기 오는 일은 드물지 않았겠지만, 다녀간 사람 중 어느 누구도 이렇게 평지 찾기가 힘들다는 말은 해 주지 않았다. 그들이야 물론 배에서 자면 그만이니까 캠핑할 곳을 굳이 찾을 필요가 없었으리라는 사실을 깨달은 건 한참 뒤였다.

'최초'로 바다 카약을 타고 간다는 사실은 매우 뿌듯한 일이었다. 그러나 '최초'라는 말은 곧 모든 계획이 허사가 될 수 있음을 의미하기도 한다. '최초'라는 건 미지의 세계에 첫발을 들여놓는다는 의미이기 때문이다. "그래도 계속 찾아보자." 수가 나에게 소리쳤다. 우리는 더 빨리 노를 저었다.

이틀 전, 우리를 배웅하며 손을 흔들던 젤코의 표정은 밝았다. 그는 자기 회사를 차리려고 수년째 노력해 온 터였다. 그러나 당시 5년 동안의 전쟁 후유증을 극복 중이던 크로아티아 정부는 모험을 테마로 하는 여행 산업까지 챙길 여유가 없었고, 젤코는 아직도 정부로부터 사업 허가증을 얻지 못한 상황이었다. 게다가 모험 길잡이를 직업으로 여기지 않는 분위기여서 희망하는 젊은이를 찾기도 힘들었다. 그러던 차에 미국 여자 세 명이 카약을 빌리겠다고 하니 젤코 입장에서는 드디어 사업에 첫발을 내딛는다는 희망에 부풀었을 것이다.

젤코는 우리가 탐험 일정을 무사히 마칠 수 있을 거라고 믿는 듯했지만 사실 젤코처럼 생각하는 사람은 드물었다. 바다를 가로질러 도착한 첫 번째 섬에서 우리는 오래된 항구 마을로 들어갔다.

용감한 소녀들

로즈 새비지(Roz Savage)는 어느 날 자신의 사망 기사를 두 개 작성해 보았다. 하나는 실제 삶을 쓴 것이고, 다른 하나는 살고 싶은 삶을 쓴 것이었다. 두 기사 내용이 완전히 다르다는 것을 깨달은 로즈는 경영 컨설턴트라는 직업도 버리고, 집도 팔아 치우고, 모험을 떠났다. 그 후 그녀는 홀로 노를 저어 대서양과 태평양, 인도양을 건넌 최초의 여성이 되었다.

그리고 돛단배들과 고기잡이 도구들 사이를 비집고 바위투성이 해안에 우리 카약을 정박했다(이때부터 그 섬이 우리가 생각했던 곳이 아님을 알아챘어야 했다). 순박한 섬사람들은 바다 카약과 우리를 번갈아 보더니 서툰 영어로 우리가 어느 배를 타고 왔는지 물었다.

"우리는 돛단배로 온 게 아니고요, 저 멀리에서 카약을 타고 왔어요." 멀리 본토를 가리키면서 우리가 대답했다. 마을 사람들은 믿을 수 없다는 표정으로 우리를 쳐다보았다. "너무 위험한 짓이야!" 한 남자가 혀를 끌끌 차며 말했다.

"그리 위험하지는 않아요." 베스가 공손하게 말했고 수와 나도 고개를 끄덕였다. 베스가 전 세계 내로라하는 강을 모두 누빈 카약 전문가라는 사실과, 수가 카약 래프팅 미국 대표팀 출신이었다는 사실은 굳이 밝히지 않았다. 잔잔한 바다 위에서 눈부신 햇살을 받으며 노를 저을 때의 행복감에 대해서도 설명하지 않았다. 영어가 통하기도 어려워 보였고 여성의 그런 적극적인

용감한 소녀들

로베르타 깁(Roberta Gibb)은 1966년 보스턴 마라톤 대회에 참가한 최초의 여성이었다. 로베르타는 '바비'라는 가명으로 대회에 참가했는데, 당시에는 이 대회는 물론 다른 장거리 경기에서도 여성의 출전이 금지되어 있었기 때문에 비공식으로 참가할 수밖에 없었다. 출전 금지의 이유는 여성의 몸은 너무 연약하다는 것이었다. 당시 보스턴 마라톤 대회의 참가자는 425명(남성)이었고, 바비가 경기를 끝냈을 때 그녀 뒤에는 290명의 남성들이 있었다.

도전이 인상적으로 받아들여질 것 같지도 않았기 때문이다.

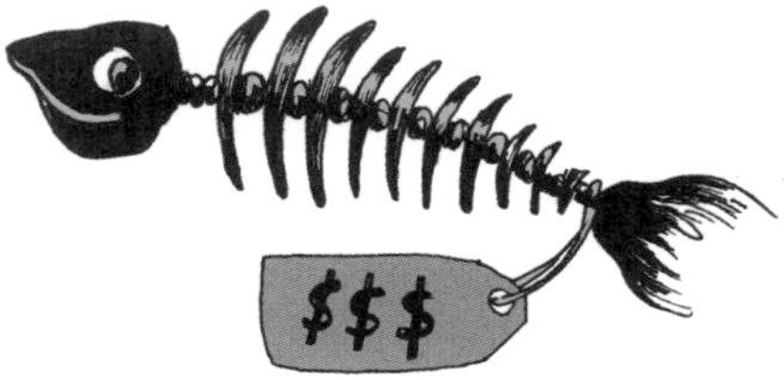

우리는 붐비는 길가의 한 식당에 들어가 식사를 주문했다. "바닷가니까 생선 맛이 기가 막힐 거야." 생선을 주문하며 베스가 말했다. 생선 맛은 기대했던 대로였다. 베스는 하나를 더 주문했다. 다 먹고 나서 또 하나를 주문했다. 저녁 식사로 생선 요리 세 접시를 먹어 치운 것이다.

당시 우리는 아드리아해에서 위험할 정도로 물고기가 남획된다는 사실을 몰랐다. 야생 어류가 남아나지 않는 상태였기에 생선 요리는 아주 귀한 음식으로 취급되고 있었다. 그러니 베스는 생선을 주문한 게 아니라 금덩이를 주문한 거나 마찬가지였다. 애초에 우리는 저녁 식사로 한 사람당 1만 원 정도면 되겠거니 생각했는데 실제로 베스가 낸 돈은 20만 원이 넘었다.

예상치 못한 지출에 깜짝 놀라기도 했지만, 수정처럼 맑은 그 바닷속 생명들이 죽어 간다는 사실이 더 놀라웠다. 이 야생의 섬과 생명력 넘치는 바다에 인간이 대체 무슨 짓을 한 건가 생각하니 서글퍼졌다.

원래 계획대로라면 첫날에는 마을을 벗어나 캠핑을 할 생각이었다. 그러나 속을 쓰리게 했던 저녁 식사를 마친 후, 우리는 바다 풍경을 바라보며 좁은 마을길을 따라 여기저기를 천천히 걸었다. 그리고 바위투성이 선착장 한 구석에 텐트를 쳤다.

잠들기 전에 모여서 지도를 펼쳤다. 주민들로부터 섬에 대한 정보를 얻으려고 애써 봤지만 그들은 알려 주려 하지 않았다. "너무 위험해." 우리가 코르출라Korcula섬을 일주하겠다고 말하자 그들은 한결같이 그렇게만 말했다. 그럼 다른 섬은 어떻겠느냐고 우리가 물었을 때는 깜짝 놀라면서 고개를 저었다. "다른 섬이라니! 제정신이 아닌 여자들이군!" 그들이 탄식하듯이 내뱉은 말이었다.

우리는 지도를 꼼꼼히 연구했다. "봐봐, 이쪽엔 마을이 없잖아." 손가락으로 지도의 북쪽 끝을 가리키면서 베스가 말했다. "캠핑 장소로 완벽해."

그러나 다음 날 우리가 도착한 곳은 완벽한 캠핑은커녕 어디를 둘러봐도 절벽 또 절벽뿐이었다. 모래가 깔린 해변 같은 건 더 이상 바라지도 않았다. 그저 평지만이라도 있으면 감지덕지인데 그마저도 없었다.

우리는 남은 방법을 생각해 보았다. 첫째, 헤드램프를 켜고 계속 노를 저어 간다. 둘째, 고운 모래가 깔린 아름다운 해변이 갑자기 나타나면 거기서 안전하게 캠핑을 한다. 하지만 그런 일은 일어날 것 같지 않았기에 또 다른 방법을 생각해 내야 했다. 셋째, 헤드램프를 켜고 계속 노를 저어 간다…….

나는 한밤중에 노를 저어 본 적이 있긴 하지만 그건 어디까지나 환한 보름달이 떠 있을 때였다. 그날 밤은 아주 흐린 날씨였고 언제 비가 올지도 모를 일이었다. 하지만 어쩔 도리가 없었다. 자칫하면 바위를 피해서 저 먼 바다까지 이리저리 떠다녀야 할 판이었다. 마음이 불안했다. 깜깜한 밤에 바다에서 헤맨다는 게 무섭기도 했다. 그래도 죽지는 않겠지. 때로는 '그래도 죽지는 않겠지'라는 믿음이 용기를 주기도 하는 법이다.

"오늘 밤은 간식으로 해결하자." 베스가 밝은 목소리로 말했다.

"오늘은 비싼 생선 요리는 포기!"

그래도 바다에 야생 어류가 아주 사라진 건 아닌 듯했다. 그날 우리는 물 위로 솟아올라 눈부신 활 모양으로 점프하는 돌고래들도 만났고, 마치 우리를 환영이라도 하듯이 여기저기서 불쑥불쑥 나타나는 혹등고래 한 마리도 만났다.

사나운 바람도 다시 잦아들었다. 초록빛으로 반짝이는 바닷물, 우뚝 솟은 절벽들, 이따금씩 보이는 높은 언덕 위에 오래된 교회의 풍경이 어우러져 주위는 마법처럼 아름다웠다. 우리는 그 풍경에 흠뻑 빠져들었다. 이 놀랍도록 아름다운 바다를 카약으로 즐긴 사람이 아직까지 없었다는 사실이 믿기지 않을 정도였다. '최초'가 되었다는 기쁨을 만끽하며 우리는 함께 외쳤다. "여자 만세!"

비가 그치고 어둑해질 무렵 갑자기 베스가 휘파람을 불더니 절벽 쪽으로 노를 저어 갔다. 수와 내가 어슴푸레한 회색 빛 속에서 실눈을 뜨고 보니 카약 세 개가 겨우 통과할 만한 작은 만灣이 보였고 그 위로는 선반처럼 튀어나온 시커먼 바위가 보였다. 카약을 안전한 곳에 두고 그 바위를 디디고 올라간다면 잠자리를 찾을 수도 있을 것 같았다. 매우 힘들어 보이긴 했으나 그래도 가능은 해 보였다. 어쨌든 가능성이야말로 우리가 찾고 있던 것이 아닌가.

우리는 바위틈을 뚫고 자란 굵은 덤불에 카약을 묶었다. 바닷물은 무릎 깊이였다. 덤불에 매달린 우리는 바다 위로 튀어나온 그 바위를 주의 깊게 살폈다. 수천 년 전 거대한 절벽에서 부서져 나와 바로 우리를 위해 거기 존재하는 바위인 것만 같았다. 우리는 바위 위로 올라갔다. 표면에 작은 구멍이 나 있고 매끈하지 않은

걸로 보아 화산으로 생긴 바위일 거라고 짐작했다. 오르긴 좋은 바위였지만 잠자리로 좋은 바위는 아니었다. 하지만 그런 걸 따질 처지가 아니었다. 평평한 바위는 절대 아니었지만 그래도 잠을 못 잘 정도는 아니었다.

"이 바위를 구사일생 바위라 불러야겠어!" 나는 신이 나서 외쳤다(사람들은 최초로 어딘가를 발견하면 이름을 지어 주고 싶은 충동을 느끼나 보다).

우리는 각자 침낭을 깔 자리를 정했다. 텐트를 칠 만한 공간은 안 되었으므로 방수포를 침낭 밑에 깔았는데, 밤에 비가 내릴 때 아주 유용했다.

아침이 되어 잠을 깨니 축축한 한기가 느껴졌다. 간밤에 내린 비는 그친 지 꽤 되었지만 조금 평평한 곳에 빗물이 고이는 바람에 결국 물구덩이에서 잠을 잔 셈이었다. 그래도 다행히 카약은

용감한 소녀들

보스턴 마라톤 대회에 공식 참가한 최초의 여성은 **캐서린 스위처(Kathrine Switzer)**였다. 1967년 스무 살이었던 캐서린은 'K.V.스위처'라는 이름으로 대회에 접수를 했다. 3.2킬로미터쯤 달렸을 때 대회 관계자들이 스위처가 여성이라는 것을 알고 그녀를 제지하려고 했다. 그러자 그녀가 속해 있던 시러큐스 대학 육상경기 팀 선수들이 관계자들을 막아 주었다. "나는 손과 발로 기어서라도 완주하고야 말 거예요. 왜냐하면 아무도 내가 해낼 거라고 믿지 않으니까요."라고 그녀는 말했다. 그녀는 당당히 두 발로 결승점을 통과함으로써 여성의 의지와 인내심에 대한 세상의 편견을 바로잡았다.

묶어둔 곳에 안전하게 그대로 있었다. 비록 자다 깨다 했지만 그것도 잠은 잠이니 우리는 휘청거리며 뻣뻣하고 피곤한 몸을 일으켜야 했다. 그때 베스가 먼저 바다를 바라보고는 수와 나를 돌아보며 말했다.

"무사히 또 하루가 지났어." 베스는 미소를 지었다.

"역시 우리는 운이 좋다니까!"

그날 이후로는 탐험을 마칠 때까지 마을을 찾아 침대에서 잘 수 있었다. 신기하게도 이후로는 사나운 바람도 잠잠해졌다. 하지만 만나는 사람들마다 눈을 휘둥그레 뜨고 말도 안 된다는 듯이 손을 휘젓는 것은 여전했다. "여자들이, 카약으로, 섬에서 섬으로?"

"넵." 우리는 웃으며 대답했다.

"위험한 짓이야!" 사람들은 소리를 버럭 질렀다.

"그렇지 않아요."라고 말하려다가 문득 '구사일생 바위'가 떠오르면 우리는 대답을 바꿨다. "위험하진 않아요. 그래도 가끔……. 예상치 못한 일이 일어날 때는 있더라고요."

생존 꿀팁

1. 숲에서 길 찾기

숲에서 길을 잃었을 때는 그 자리에서 구조를 기다리는 것이 최선이라고 전문가들은 말해요. 이리저리 주변을 맴돌면 에너지를 낭비하거나, 구조원들에게 혼동을 줄 수 있기 때문이죠. 도저히 그 자리에 있을 수 없거나(핫초코가 떨어졌다든지 하는 건 자리를 뜰 이유가 아니겠죠?) 근처에 길이 있는 게 확실하다면, 주요 지형지물을 기준 삼아 직선으로 걸어서 길을 찾는 방법이 있어요. 단, 커다란 곰이나 구름처럼 움직이는 것들은 지형지물로 고르면 안 돼요.

➡ 도전하기

① 나무와 같이 눈에 잘 뜨이는 지형지물을 선택해요.
② 그 뒤에 있는, 내 위치에서 직선거리에 있는 또 하나의 지형지물을 선택해요.
③ 처음 지형지물까지 걸어가요.
④ 두 번째 지형지물 너머 직선거리에 있는 또 다른 지형지물을 선택해요.
⑤ 길을 찾을 때까지 계속 반복해요.

생존 꿀팁

2. 모험 계획 세우기

잘 모르는 곳으로 여행이나 모험을 떠날 때가 있죠(크로아티아처럼 먼 곳일 수도 있고 옆 동네 공원처럼 가까운 곳일 수도 있어요). 모험 계획을 세우는 것도 연습이 필요하답니다.

➡ 도전하기

지구본이나 세계지도를 꺼내서 평소에 궁금했거나 여행을 떠나고 싶었던 나라를 찾아 보세요.어디에 있는 나라인가요? 유럽인가요, 아니면 아시아인가요? 모험을 떠나고 싶은 나라의 위치를 확인했다면 이제 그 나라에 대해 알아봐야 해요. 그 나라의 역사, 볼거리, 먹을거리를 찾아 보세요. 그리고 그 나라의 어떤 마을 / 산 / 강을 먼저 가 보고 싶은지, 그곳에서 무엇을 하고 싶은지, 무엇을 먹고 싶은지 원하는 여행 일정표를 짜 보세요.

그 다음으로 가보고 싶은 나라는 어디인가요?

모험일지

살다 보면 누군가에게 부탁을 해야 할 때가 있어요. 부모님에게 용돈을 올려 달라고 하거나, 친구에게 어딘가를 함께 가 달라고 하는 일들이요. 지금 누군가에게 부탁을 해야 할 일이 있나요? 누구에게 어떤 부탁을 하고 싶은지 쓰고, 그 사람을 어떻게 설득할지 써 보세요.

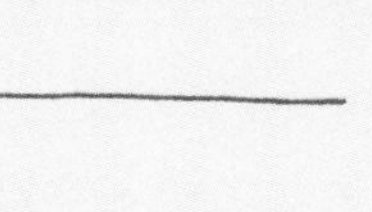

모험 계획을 세워 보아요!

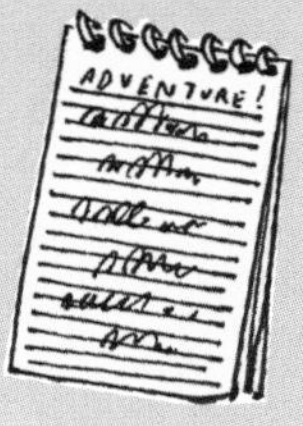

어디를 갈까?

누구와 같이 갈까?

카약을 탈까, 하이킹을 할까, 자전거를 탈까, 래프팅을 할까, 산악 등반을 할까, 스케이트보드를 탈까?

그 밖에 다른 방법은?

얼마나 오래 걸릴까?

어떤 지도가 필요할까?(지형도, 거리지도) 얼마나 자세히 나온 지도여야 할까?(축척)

그 지역의 지형적 특징은?

그 지역 사람들의 문화, 종교는?

그 나라, 그 지역, 그 동네, 그 장소의 역사는?

계절에 따른 날씨의 특징은?

예방주사를 맞고 가야 하나?

주사를 맞고서라도 꼭 가고 싶은 곳인가?

돈은 얼마나 들까?

돈은 어떻게 모을까?

들고 가야 할 장비는 뭐고, 현지에서 마련할 수 있는 장비는 뭘까?

부모님이 허락하실까?

만일 안 된다고 하시면 어떤 말로 설득할까?

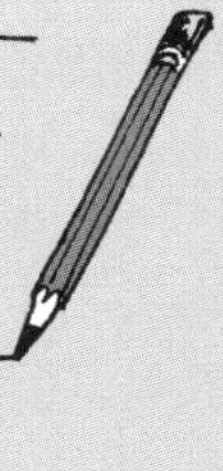

우리는 우리를 두려움에 떨게 만드는 모든 경험을 통해, 강인함과 용기와 자신감을 얻습니다.

_엘리너 루스벨트Eleanor Roosevelt, 프랭클린 루스벨트 대통령의 부인

더들리는 왼쪽으로 가고 나는 오른쪽으로 갔죠. … 점점 더 앞이 안 보였어요. 그래도 결국 책상 밑에 들어가 그녀의 팔을 붙잡았어요. 온 힘을 다해 그녀를 잡아끌자 그녀가 바닥으로 미끄러져 나왔어요.

_리아 앤 파슬리Lea Ann Parsley, 훈장을 받은 소방관이자 올림픽 은메달리스트. 화재 현장에서 의식을 잃은 여성을 구출한 과정을 설명하면서.

탈출과 착륙 등 모든 과정을 수없이 연습합니다. 그래서 실제 상황에 맞닥뜨리면 '세상에, 비행기에서 뛰어내려야 하다니!'라는 생각보다는 '내가 지금 제대로 하고 있나?'에 더 집중하게 됩니다.

_삼림 소방대원 라모나 애서튼Ramona Atherton의 '스모크 점퍼smoke jumper' 훈련에 대한 설명. 스모크 점퍼는 비행기에서 낙하산을 타고 뛰어내려 산불을 진압한다.

9장

플래시 오버

플래시오버

연기 속에 고양이

내가 난생 처음으로 구조한 강아지가 나를 깨물었다. 그래도 계속 안고 있었는데 이번에는 내 소방관 제복 소매에 똥까지 쌌다. 강아지를 탓할 일도 아니었다. 강아지 입장에서는 내가 지독히 재수 없는 날에 만난 또 하나의 못 믿을 인간이었는지도 모른다. 불길과 연기 속에서 사람들 고함 소리가 들렸다. 옆구리에 도끼를 끼고 얼굴에 산소마스크를 한 나도 겁에 질려 있긴 마찬가지였다. 나는 강아지를 꽉 끌어안은 채 나중에 맛난 뼈다귀를 주겠다고 속삭이면서 겨우 밖으로 빠져나왔다. 강아지 주인이 울면서 달려와 강아지에게 팔을 뻗었다.

이런 일은 비일비재했다. 나는 샌프란시스코 소방서 구조대 2팀의 대원이었다. 불길 속에서 피해자를 구조하는 게 우리 임무였고, 우리가 구조한 피해자 중에는 소방관 제복에 똥을 싸는 강아지도 있었다.

내가 소방관 일을 처음 시작한 1989년만 해도 여자 소방관은 세계 어디에서도 찾아보기 힘들었다. 샌프란시스코 소방서만 해도 소방서 역사상 내가 열다섯 번째 여자 소방관이었다. 열다섯 명이면 적지 않은 숫자라고 생각할지도 모르겠지만 당시 남자 소방관이 1,500명이라는 걸 알고 나면 생각이 달라질 것이다. 교대 근무 조에서도 나는 유일한 여자였다. 심지어 소방관들 중에는 나를 보고 여자 소방관은 처음 만난다고 말하는 사람도 있었다.

나는 내 일을 사랑했고, 동료들을 진심으로 존경했다. 하지만 솔직히 말해서 남들과 다르다는 게 쉽진 않은 일이었다. 남자들끼리 낄낄거릴 때 소외되는 것은 물론이고, 남자들끼리의 동지애에서 비롯된 흔한 행동들조차 같이 하기 힘들었다. 남자들 세계에서는 당연히 통용되는 사회적 규칙 같은 것도 이해하지 못할 때가 많았다. 물론 그들이 의도적으로 외면하거나 배척하는 것은 아니었다. 굳이 비유하자면 학기 중간부터 수업에 들어간 상황과 비슷하다고나 할까. 이미 끼리끼리 친해져서 자기들 모임에 끼워 주겠다는 친구는 아무도 없고, 점심시간에 같이 밥 먹을 친구도 없어서 풀이 죽어 있는, 머리 모양도 웃기고 옷차림도 특이한 그런 전학생 같은 심정이었다면 이해가 될까.

소방관 일은 모험으로 가득 찬 멋진 일이긴 했지만 처음 몇 년간은 아주 힘들었다. 사람들은 여자 소방관에게 의심의 눈초리를 보냈다. 여자들이 그렇게 강해? 여자들이 그렇게 용감해? 그들은 나를 주의 깊게 관찰했다. 내가 실수하면 그건 나만의 실수가 아니라 여자의 실수로 받아들여진다는 사실을 여자 소방관들은 모두 알고 있었다. 몇몇 비열한 남자 소방관들의 말도 안 되는 부끄러운 행동들은 굳이 여기서 언급하고 싶지 않다. 그러나 대다수 남자 소방관들은 품위 있고 존경할 만한 동료였다. 물론 그들이라고 해서 여자 소방관에 대한 불신이 없지는 않았지만.

몇 년 후 우리 여자 소방관 세 명은 도시에서 제일 큰 소방서에 소속이 되어 화재 출동이 가장 빈번한 구조대 2팀에 배치되었고, 한 여자 소방관은 구조대 1팀에 배치되었다. 하지만 나머지 여자 소방관들은 여전히 소방차 관리나 소방트럭 관리를 맡았다(소방차는 물을 싣고, 소방트럭은 사다리를 싣는다). 우리는 근무일이 아닐 때도 훈련을 멈추지 않았다. 몇 킬로미터씩 달리고, 무거운 역기도 들어 올렸다. 덕분에 얼마 후 우리를 비웃던 그 누구보다 더 실력 있는 소방관이 될 수 있었다.

이제부터 아주 전형적인 화재 이야기를 해 볼까 한다. 나는 복도

화재 연기 속에서
보이는 것

를 기어가서 호스를 끌어당기고 있었다. 자욱한 연기 때문에 누가 누구인지 알아볼 수도 없었다. 심지어 내 얼굴 바로 앞에 있는 내 손도, 어깨의 전등 빛도, 복도 바닥도 안 보였다. 파트너인 빅터가 내 바로 뒤를 따라오면서 자꾸 나와 부딪쳤지만 나는 아랑곳하지 않았다. 어차피 나도 내 앞에 있는 프랭크와 계속 부딪쳤고, 프랭크도 자기 앞에 있는 앤디랑 계속 부딪치고 있을 테니. 선두에 선 앤디도 분명히 벽에 부딪치면서 가고 있었을 것이다.

일반인들은 '진짜 무시무시한 화재'라 부르고 우리 소방관끼리는 '진짜 제대로인 화재'라고 일컫는, 그런 화재의 전형적인 상황이었다. 소방관들은 아무것도 안 보이는 데다 귓가에서 용암이 녹아내리는 것 같은 끔찍한 열기를 뚫고 기어서라도 앞으로 나아가야 했다.

특히나 이번 화재는 불길이 안 보이는데 사태는 점점 심각해지는 경우라서 소방서장이 우리 넷을 복도로 들어가도록 명령했다. 구조대 2팀은 원래 구조 전문팀이었지만, 호스를 들고 가서 불길을 찾으라는 명령이 떨어지면 그 또한 기꺼이 수행했다.

열기가 점점 심해졌다. 열기가 심해진다는 것은 보통 사람에게는 "뒤돌아 도망가!"라는 의미겠지만 우리 샌프란시스코 소방관들에게는 전혀 다른 의미였다. 그건 우리가 임무를 제대로 수행하고 있음을 의미했다. 우리는 계속 앞으로 나아갔다. 앤디는 간간히 호스의 물을 뿌려서 열기를 식혔고, 열기로 뜨거워진 물이 다시 우리한테 떨어져 바지를 적셨다. 나중에 2도 화상 자국을 발견할지언정 당시에는 아픔이 느껴지지 않았다. 오직 불길을 찾아야 한다는 생각뿐이었다.

뭔가 잘못되어 가고 있다는 걸 그때 깨달아야 했다. 지나치게 어둡고 지나치게 뜨거웠다. 불길은 아직도 보이지 않았다. 아무리 자욱한 연기 속에서도 일단 섬광 같은 불길이 보였다가 가까이 갈수록 춤추는 뱀처럼 스르르 번져가는 불길이 보이기 마련이다. 그러다가 마침내는 사납게 울부짖는 듯한 거대한 오렌지색 괴물과 맞닥뜨리는 것이다. 그런데 이번

용감한 소녀들

리아 앤 파슬리(Lea Ann Parsley)는 1999년 오하이오 주 '올해의 소방관'으로 뽑혔다. 당시 리아는 불길에 휩싸인 집에서 동료와 함께 장애가 있는 십 대 소녀를 구출했다. 그리고 소녀의 엄마가 아직도 화재 현장에서 빠져나오지 못했다는 말을 듣자마자 바로 상관에게 보고하고는 다른 대원들과 함께 다시 연기 속으로 기어서 들어갔다. 의식을 잃은 여성을 발견하고 그녀를 창문 쪽으로 끌어서 옮긴 리아는 동료 소방관의 도움으로 그녀를 자신의 무릎에 올려 '마치 스쿠버다이버가 입수하듯이' 창문 밖으로 굴려 떨어뜨려 구해냈다. 더욱 대단한 사실은, 리아는 최고의 스켈레톤 선수이기도 했으며 2002년 올림픽에서 은메달을 땄다는 것이다!

엔 달랐다. 무시무시할 만큼 고요했다.

그때 폭발이 일어났다. 우리는 뒤로 튕겨져 날아갔다. 엄청난 빛이 보였다. 어쩌면 소음도 있었겠지만 사실 잘 기억이 나질 않는다. 잠시 후 정신을 차리고 보니 나는 차고 안에서 무릎을 꿇고 있었다. 이어서 멍한 표정으로 주위를 둘러보았다. 열기는 식어 있었다. 그리고 차츰 주위가 눈에 들어왔다. 내가 왜 이런 곳에 있지? 언제 여기 온 거지? 그때 프랭크가 내 어깨를 잡았다. 앤디도 함께 있었다.

"괜찮아? 괜찮은 거지?" 산소마스크를 쓴 프랭크가 소리쳤다.

"괜찮아! 괜찮다고!" 나와 앤디가 소리쳐 대답했다.

"빅터는 어딨지?" 프랭크가 크게 외쳤다.

빅터? 빅터! 나는 미친 듯이 주위를 돌아보았다. 차고 안에 빅터는 보이지 않았다. 그럼 아직 복도에 있다는 뜻이었다. 우리를 플라스틱 공처럼 날려 버린 그 복도에! 그는 살아 있을까?

프랭크는 어느새 쏜살같이 몸을 날려 복도 쪽으로 가고 있었다. 나도 따라가려고 했으나 손과 발이 말을 듣지 않았다. 내 머릿속에서는 고함 소리가 들렸다. '아까 거길 다시 가겠다고? 너 미쳤니? 죽을 뻔했다는 걸 벌써 잊었어?' 소방관이 된 이후 처음으로, 나는 망설이고 있었다.

망설이다니!

나는 두려웠던 것이다.

하지만 나는 곧 생각을 바꿨다. 프랭크도 분명 두려웠을 것이다. 그래도 그는 주저 없이 달려갔다. 왜? 동료가 위험하니까. 두려움을 느끼는 건 당연하지만 두려움은 아무런 도움이 되지 않는다. 두려움에 휘둘릴 수는 없었다. 나는 곧바로 프랭크를 따라 복도로 향했다. 복도는 아직도 깜깜하고 뜨거웠다. 다행히 빅터는 무사했다. 차고 옆방으로 재빨리 피신했던 것이다.

"웬 쓸데없는 걱정이야?" 구사일생의 상황이었는데도 빅터는 별일 아니라는 듯 우리를 놀렸다.

우리는 가장 지독한 화재에서 살아남았다. '플래시오버flashover'라 불리는 이 현상은 불길의 온도가 (1,200도까지) 너무 높아져 주변 사물에 일제히 불이 붙는 것을 가리킨다. 심지어 공기 중에 작은 입자까지도 폭발이 일어나는 무시무시한 현상이다. 그날 플래시오버가 복도에서 일어나지 않은 건 천만다행이었다. 만약 복도에서 일어났더라면 나는 이미 이 세상 사람이 아니었을 것이다.

살면서 그날만큼 두려움을 느낀 적이 없었다. 두려움 때문에 몸이 마비될 수 있다는 것도 처음 알았다(다행히 금방 마비에서 벗어나긴 했지만). 하지만 나는 두려움에 무너지기보다는 용감하게 행동에 나섰다. 두려움에도 불구하고 불타는 복도를 향해 기어갔다.

소방관들이 언제나 죽음을 무릅써야 하는 것은 아니다. 한번은 화재 현장에 늦게 도착한 적이 있었다. 도착해 보니 방 한 칸을 태운 작은 화재였는데 소방차 대원들이 이미 화재를 진압한 후였다. 우리는 실망했다. 소방관들은 불길과 싸우고 싶은 사람들이다(이상한 쪽으로 생각하지는 마시라). 불길과 싸울 때면 신이 나는 사람들이다. 불길과 싸워서 더 이상의 피해를 막으면 더할 나위 없이 기쁜 사람들이다. 결코 화재가 일어나길 원하지는 않지만, 만약 화재가 일어나면 기꺼이 그곳에 달려가 불길과 싸우고자 하는 이들이 바로 소방관이다.

건물을 빠져나온 우리는 다음 지시를 받기 위해 소방서장에게 다가갔다. 건물 창문에서는 아직도 연기가 새어 나오고 있었지만 불길은 확실히 잡혀 있었다. 바로 그때 무언가 내 시선을 끌었다. 연기가 새어 나오는 창문턱에 작고 검은 물체가 보였다. 눈을 가늘게 뜨고 자세히 보았다. 살아 있는 건가? 그렇다. 살아 있었다.

용감한 소녀들

할리 대깃(Hallie Daggett)은 1913년 여성 최초로 미국 산림청 소속의 산불 감시인이 되었다. 할리는 클래머스 정상에 있는 에디 협곡 산불 감시탑까지 세 시간을 걸어 올라가 그곳에서 몇 달씩 머무르며 연기를 발견하면 동료 대원들에게 알리는 일을 했다. 사람들 예상과는 달리 할리는 두려움이나 외로움에 빠지지 않았다. 그녀는 자신의 일을 좋아했고, 14년 동안 이 일을 계속했다. 한편 **낸시 후드(Nancy Hood)**는 산불 감시인으로 55년을 일했는데, 이는 미국 내에서 최장 근무 기록이다!

나는 한 번에 두 계단씩 뛰어 올라갔다. 아파트에 남아 있던 동료들에게 내 옷자락을 붙잡아 달라고 부탁하고 창문 밖으로 몸을 최대한 기울였다. 팔이 겨우 닿을락 말락 한 위치에 아주 작은 새끼 고양이가 가냘프게 울고 있었다. "안녕." 나는 최대한 부드러운 목소리로 인사를 건넸다.

건물 아래로 구경꾼들이 몰려들어 있었지만 나는 일부러 내려다보지 않았다. 천천히 팔을 뻗었다. 오로지 고양이와 소통해야 한다는 생각으로 말도 안 되는 말들을 중얼거렸다. 기적이 일어났다. 고양이는 낯선 사람이 다가오는데도 도망가지 않았다. 나는 고양이의 가냘픈 목덜미를 잡았다. 그리고 떨고 있는 고양이를 내 코트로 감싸고 가슴에 끌어안았다. 계단을 내려오면서 나는 고양이에게 속삭였다. "이제 괜찮을 거야."

생존 꿀팁

1. 컴포트존 벗어나기

컴포트존Comfort Zone이 뭘까요? 이름만 들으면 폭신한 베개와 고양이와 물침대와 사탕이 있는 포근한 방이 떠오르지 않나요? 하지만 그건 아니랍니다(그런 좋은 방이라면 나도 당장 가 보고 싶네요). 컴포트존이란 일상에서 익숙하고 편안함을 느끼는 지점을 가리키는 말이에요. 누구나 컴포트존을 좋아하기 마련이죠. 왜냐하면 컴포트존 안에서는 긴장하지 않아도 되고 익숙하게 일을 해낼 수 있으니까요. 하지만 자신의 한계에 도전하는 것 또한 중요하답니다! 이제 폭신한 베개와 고양이와 물침대와 사탕이 있는 자신만의 공간에서 벗어나 보세요. 어떻게? 새로운 걸 배워 보는 거예요. 이미 할 줄 안다 해도 더 잘할 수 있도록 도전해 보고요. 겁이 나더라도 극복할 수 있을 때까지 멈추지 않고 계속 도전하는 거죠.

➡ 도전하기

일주일에 한 번 이상은 자신의 컴포트존에서 벗어나 보세요. 수업 시간에 발표한다고 손 들기, 집게벌레 잡기, 사람들 앞에서 춤추기 등등. 도전한 것들은 목록을 만들어 보세요! 물론 같이 할 친구가 있다면 더 좋겠지요?

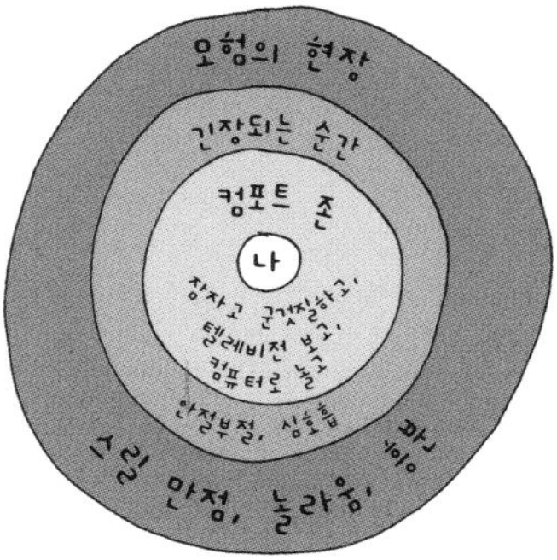

생존 꿀팁

2. 나침반 만들기

길을 잃지 않는 간단한 방법이 있어요. 나침반을 만들면 돼요! 연기 자욱한 건물 안에서는 곤란하겠지만 야외에서 하이킹을 할 때는 아주 유용하답니다!

➡ 도전하기

해가 좋은 날 들판이나 탁 트인 공간을 찾아요. 1미터쯤 되는 막대기를 땅에 똑바로 꽂아요. 막대기 그림자 끝 부분에 1차로 표시를 해 두세요(돌멩이나 나뭇잎, 심지어 빵 조각도 괜찮지만 아이스크림은 곤란하겠죠?). 15분~1시간쯤 지나 새로 생긴 그림자 끝에 2차 표시를 해 두세요. 그 다음 막대기와 두 표시 사이에 서서 한 발의 엄지발가락은 1차 표시에 두고 또 한 발의 엄지발가락은 2차 표시에 두어요. 그랬을 때 여러분의 정면이 북쪽이랍니다! 북쪽을 기준으로 동쪽과 서쪽, 남쪽도 알아낼 수 있겠지요?

모험일지

컴포트존에서 벗어나 본 적이 있는지, 그때 기분은 어땠는지 모험일지에 써 보세요. 그리고 컴포트존에서 벗어나기 위해 또 어떤 도전을 해 보고 싶은지도 써 보세요.

별 (방향을 찾는 데 필요함)
용감한 소녀들의 지도
찾아갈 곳 & 준비할 것
용감무쌍하게 도전할 빙하 지역
곧 무너질 듯한 다리
위대한 소녀 모험가
말도 안 되게 가파른 절벽
(+로프)
미지의 섬
1등급호
이미 탐험한 땅
망망대해
의문의 사막
괴물이닷!
(대개는 바닷게로 판명될 때가 많음)

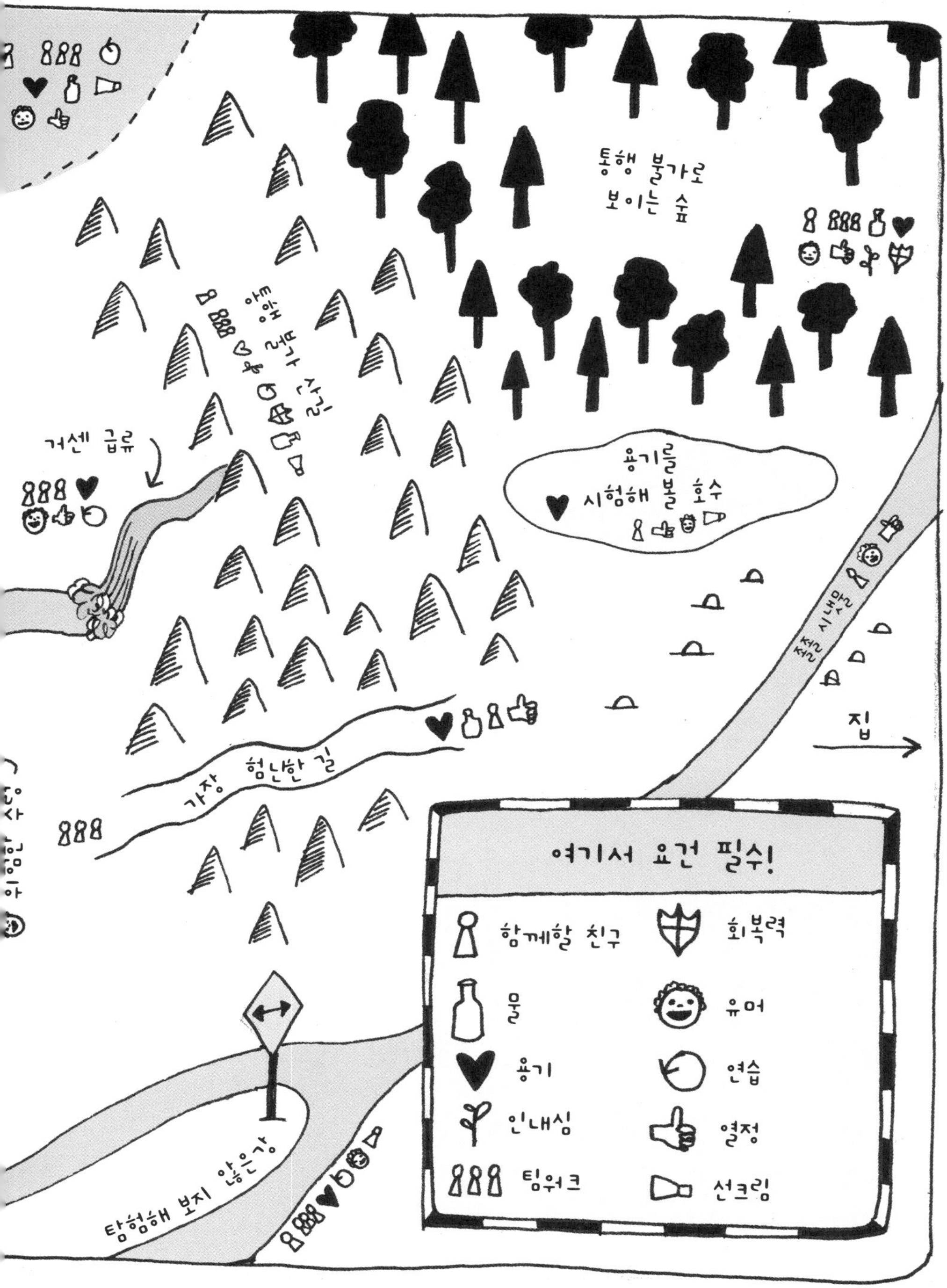

통행 불가로 보이는 숲
통행 불가 산길
거센 급류
용기를 시험해 볼 호수
졸졸 시냇물
집
가장 험난한 길
위험한 수영
탐험해 보지 않은 강
여기서 요건 필수!
함께할 친구
회복력
물
유머
용기
연습
인내심
열정
팀워크
선크림

멋진 모험의 세계로 떠나는 용감한 소녀들에게

이야기가 끝나면 'THE END' 라고 크게 쓰는 게 보통이지요. 하지만 문득 이런 생각이 들었어요. 책 속 이야기는 여기서 끝나지만 용감한 소녀들의 당찬 모험은 이제부터 시작이라는 생각 말이에요.

내가 주인공이 되는,
용감한 도전이 있는,
유머 가득하고 유쾌한,
창피할 때도 있고 실패할 때도 있지만 절대 포기하지 않는,
작은 성공들로 쌓아올린,

말로 표현할 수 없는 기쁨과 성취감으로 보답해 줄,

그런 멋진 모험의 세계로 떠나는 용감한 소녀들에게 'THE END'는 어울리지 않아요.

용감한 소녀들을 위해 나는 여기 이렇게 쓰고 싶어요.

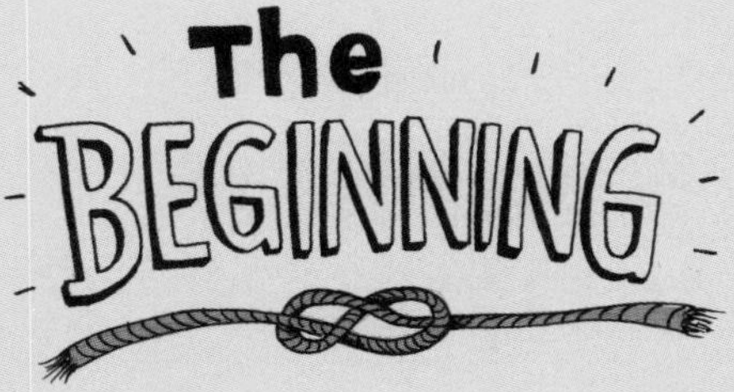

용감한 소녀들이 온다

초판 1쇄 펴낸날 2018년 9월 17일
초판 3쇄 펴낸날 2022년 5월 10일

지은이 캐롤린 폴
그린이 웬디 맥노튼
옮긴이 홍수연
펴낸이 홍지연

편집 고영완 정아름 전희선 조어진
디자인&아트디렉팅 오성희
디자인 전나리 박태연 박해연
마케팅 강점원 최은 이희연
경영지원 정상희

펴낸곳 ㈜우리학교
출판등록 제313-2009-26호(2009년 1월 5일)
주소 03992 서울시 마포구 동교로23길 32 2층
전화 02-6012-6094
팩스 02-6012-6092
홈페이지 www.woorischool.co.kr
이메일 woorischool@naver.com

ISBN 979-11-87050-62-9 43300

• 책값은 뒤표지에 적혀 있습니다.
• 잘못된 책은 구입한 곳에서 바꾸어 드립니다.